어긋난 대화 ──
1분 만에 바로잡는
45가지 기술

어긋난 대화 ——
1분 만에 바로잡는
45가지 기술

요코야마 노부히로 지음 | **황혜숙** 옮김

밀리언서재
Million Publisher

절대 어긋나지 않는 대화의 기술 45가지

어긋난 관계는 어긋난 대화에서 시작된다

"대화가 도중에 끊어질 때가 많다."

"윗사람의 지시가 너무 막연해서, 어떻게 하면 좋을지 모르겠다."

"대화를 하다 보면 상대방이 '뭐지?' 하는 표정을 짓곤 한다."

"윗사람이 지시하는 대로 다 했는데 '내 말 제대로 들은 건가?'라는 질문을 받는다."

직장인 300명을 대상으로 한 온라인 세미나에서 '직장에서 스트레스를 느낄 때는 언제인가?'라는 질문에 젊은 사원들이 주로 한 말이다.

한편 조직 내 관리직에 있는 사람들은 다음 3가지를 꼽았다.

"상대방이 들을 준비가 되어 있지 않다."

"이야기가 자꾸 옆길로 샌다."

"서로 인식의 차이가 크다."

여기에 해당하는 사람들이 있지 않은가?

젊은 사원들은 물론 임원진이나 경영진에 이르기까지 상대
와 대화가 원활하지 않아 고민하는 사람들이 무척 많다. 이것
은 서로 대화가 어긋나기 때문에 나타나는 현상이다.

대화가 어긋난다는 것은 직장 생활에서 심각한 문제다. 평소 업무에 지장이 생기기 때문이다. 게다가 고객과 대화할 때 이런 문제가 발생하면 더 심각하다. 서로 간의 신뢰가 깨지고, 그 결과 원하는 성과를 낼 수 없다. 누가 이런 결과를 원하겠는가?

대화를 나누고 나면 기분이 찜찜한 이유

그렇다면 대화가 어긋나는 이유는 무엇이고, 어떻게 해야 할까? 우선 해결책부터 말하자면 간단하다.

확인하는 습관, 말하는 방법, 그리고 질문하는 방법을 배우면 된다. 지금 당장 실천할 수 있으며, 효과도 만점인 방법들이 있다.

우선 대화가 어긋나는 원인부터 알아보자. 다양한 원인이 있지만 주로 상대방이 막연하게 말하기 때문이다. 전제적인 설명

을 생략하거나 애매한 표현을 쓰기 때문에 대답도 엉뚱한 방향으로 흘러간다. 이를 해결하기 위해서는 더더욱 확인하는 습관을 들여야 한다.

잠시 멈춰서 확인해보는 것만으로도 이야기의 초점을 맞출 수 있고, 무엇에 대해 어떻게 대답하면 좋을지 생각할 수 있다. 이렇게 하면 적어도 엉뚱한 대답은 하지 않을 것이다.

이 밖에도 이야기를 장황하게 늘어놓다가 주제에서 벗어나거나, 놓치고 못 듣거나, 혼자서 착각한 나머지 엉뚱한 대답을 하는 사람도 있다. 이러한 사람은 이 책에서 소개하는 '듣는 방법'을 실천할 것을 추천한다.

중요한 사람에게 신뢰를 얻으려면?

어찌 됐든 가장 중요한 것은 '확인'이다. 확인할 타이밍을 알

고, 표현을 약간 수정하면 대화가 어긋날 일이 없다. 거창하게 화술을 연마하는 것보다 훨씬 간단하고 실천하기도 쉽다.

이 책에서는 바로 실천할 수 있고 효과도 좋은 45가지 방법을 소개한다. 이 모든 방법은 오랫동안 컨설턴트 현장에서 즉시 고객과 신뢰 관계를 쌓거나 본심을 끌어내는 데 유용했던 커뮤니케이션 기술을 기초로 했다.

45가지 요령을 익히면 평소 대화할 때 스트레스를 훨씬 덜 받는다. 대화가 어긋나서 상대방에게 이해를 못 하는 것 같다는 인상을 주지 않는다. '이해를 잘하는군'이라는 말을 듣게 되고, 일도 순조롭게 진행할 수 있다.

직장 내 인간관계가 훨씬 좋아지고, 어느새 고객은 "자네한테는 나도 모르게 속마음을 털어놓게 된단 말이야"라고 말할 것이다. 나아가 윗사람이나 중요한 인물에게 절대적인 신뢰를 얻게 된다.

이 책은 앞으로 사회에 진출할 사람은 물론, 직장 생활을 하고 있는 사람, 이직을 계획하는 사람에게도 도움이 될 것이다.

이제 책을 펴고 절대 어긋나지 않는 대화의 기술을 익혀보자.

요코야마 노부히로

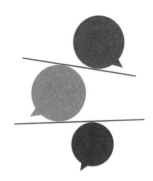

Part 03

인식의 차이를 없애는
'확인'의 기술

Part 04

이야기가 장황하고 탈선하기 쉬운 사람은 더 꼼꼼히 말하자

Part 05

'뭘 좀 아는 사람'이라는 평가를 듣는 질문력

Part 06

중요한 사람에게 신뢰를 얻는 한 수 위의 화법

대화가 어긋났는지 10초 안에 체크

상대방이 나를 신뢰하는지를 알아보려면 상대방의 말습관에 주목해야 한다.
예컨대 상대방에게 이런 말을 들었다면 주의하자. 말귀를 못 알아듣는다고 낙인찍힐지도 모른다.

- ☐ "그건, 어떻게 되었어?"라고 확인한다.
- ☐ "내 말 제대로 듣고 있는 거야?"라고 걱정한다.
- ☐ "그런 건 직접 물어볼래?"라고 떠넘긴다.
- ☐ "뭐, 그 문제는 일단 접어두고……"라고 말을 도중에 끊는다.
- ☐ "열심히 한 건 인정하겠는데"라고 하면서도 좀처럼 제대로 평가해주지 않는다.

이 중 하나라도 해당한다면 평소에 대화가 어긋나고 있는지도 모른다.
지금 당장 대화하는 방법을 바로잡자.

Part
01

신뢰를 잃었다면
이렇게 말하고
있지 않은가?

나도 모르는 사이에
대화의 핀트가 어긋나 있다?

핀트가 어긋나면
대화를 이어갈 마음이 사라진다

나름대로 열심히 답변하고 있는데 왠지 상대방의 반응이 석연치 않다. '어라?' 하는 표정을 짓거나 심지어 극단적인 표현으로 "당신하고는 대화가 되지 않아"라고 말하기도 한다.

그뿐인가? 내가 말하고 있는데도 듣는 둥 마는 둥 하고, 말을 도중에 끊어버리기도 하는 등 내 의견을 받아들일 생각이 전혀 없다. 이런 경험이 있는 사람은 대화하는 방법에 대해 심각하게 고민해봐야 한다. 이는 상대방과의 대화가 완전히 어긋났다는 뜻이다.

대화는 상대방이 있어야 성립되는 것이다. 그러므로 이야기가 자칫 궤도를 벗어났다고 해도 크게 걱정할 필요는 없다. 당신 혼자만의 책임이 아니기 때문이다.

핀트가 어긋나면
불신이 스며든다

하지만 대화가 어긋나는 것이 내 잘못만은 아니라고 방치하면 상대방은 내가 이해를 못 한다고 생각하고 나에 대한 신뢰가 줄어든다.

그러므로 왜 대화의 핀트가 어긋나는지, 어떻게 하면 어긋나지 않을지, 그 대책을 곰곰이 생각해보자.

대화의 핀트가 어긋났을 때 바로잡는 것은 그리 어렵지 않다.

몇 가지 요령만 파악해두면 바로 실천할 수 있으므로 꼭 시도해보자. 자, 오늘부터 당신은 '뭘 좀 아는군!'이라는 생각이 드는, 신뢰받는 사람으로 다시 태어날 것이다.

CHECK

핀트에 어긋난 이야기를 하면 신뢰를 잃고 만다.

뭔가 잘 맞지 않는 대화의 이유

애매한 데다 생략까지 하면
대화는 산으로 간다

대화가 어긋나는 가장 큰 이유는 어느 한쪽이 애매하게 말하기 때문이다. 애매한 표현, 추상적인 말로 의사소통을 하다 보면 이야기는 여지없이 산으로 가곤 한다. 관점이 흐려지고 요점에서 벗어난 대화를 하게 된다.

예를 들면 상사가 이렇게 말한 적은 없는가?

"철저히 하자고!"
"적극적으로 밀고 나가세."
"이렇게 하면 돼!"

그 자리에서는 깨닫지 못했더라도 나중에 '구체적으로 어떻게 하라는 건지 모르겠어'라는 생각이 들곤 한다.

고객이 "우리 회사에 맞는 제안을 해주세요", "최대한 빨리 부탁해요", "뭔가 탁 와 닿지 않네요"라고 하면 어디에 초점을 맞춰야 할지 모르는 사람들이 대부분이다.

이처럼 상대방이 막연하게 말하면 듣는 사람의 머릿속도 분명하지 않다.

　대화의 핀트가 어긋나는 두 번째 이유는 바로 생략이다. 사람들은 말을 생략하는 경향이 강하다. 이런 '생략'도 무시할 수 없다.

　상대방이 말을 생략하면 꼭 알아야 할 것이 명확하지 않은 채, 나도 이해한 것 같은 착각이 든다. 이것을 방치하면 대화의 골은 점점 깊어진다.

CHECK
애매한 표현, 말의 생략이 대화를 어긋나게 만든다.

03

대화가 어긋나는 3가지 말습관

어긋나는 원인을 알고
대책을 세우자

대화에서 핀트가 어긋났을 때 그것을 수정하려면 원인이 되는 다음 3가지 유형을 파악해야 한다.

① 반사
② 착각
③ 지식 부족

① 반사 :
생각도 해보지 않고 반사적으로 말한다

'반사'란 상대방의 말을 들으면 생각해보기도 전에 반사적으로 대답해버리는 것을 말한다. 입이 생각을 앞서는 이런 경험이 누구나 있을 것이다.

"최대한 빨리 부탁해"라는 말을 들으면 "알겠습니다"라고 반사적으로 대답한다. 또 "알겠어?"라는 물음에 즉각 "알겠습니다"라고 대답해버린다.

대부분 반사적으로 말하기 때문에 확인할 타이밍을 놓치는 것이다. 그러므로 일단 대답하기 전에 멈추자. 그리고 정말 '알겠습니다'라고 자신 있게 말할 수 있는지 한번 확인해보자.

다시 한 번 강조하지만, 사람들은 아주 애매하게 말하는 데다, 자주 말을 생략하기도 한다. 어쩌면 99%의 사람이 해야 할 말을 제대로 전달하지 못한다고 봐도 무방하다. 환자에게 병에 대해 제대로 설명할 의무가 있는 의사들조차 100% 다 전달하지 못한다고 할 정도이니 말이다.

이 점을 잘 인지하고 상대방의 지시가 애매하지는 않은지, 미처 다 하지 못한 말은 없는지 생각하고 대화가 어긋나지 않도록 하자.(2장과 3장 참고)

② 착각 : 자기중심적으로 이해한다

혼자서 착각하고 있으면 아무래도 다른 사람과 인식에 차이가 발생한다. 그렇다면 반사와 착각은 무엇이 다를까?

"일에 도움되는 공부를 하면 좋겠네."

"알겠습니다. 그렇게 하겠습니다."

"그런데 일에 도움되는 공부가 뭔지 아는가?"

"저, 그게 실은 잘 모르겠습니다. 가르쳐주세요."

위와 같은 반사적인 대답은 말하는 사람이나 듣는 사람 모두 핀트가 어긋났다는 것을 바로 알아차린다. 반면 착각은 말하는 상대방이 눈치채도 어긋난 것을 바로잡을 수 없다.

"업무에 도움되는 공부를 하면 좋겠네."

"알겠습니다. 그렇게 하겠습니다."

"그런데 업무에 도움되는 공부가 뭔지 아는가?"

"물론 잘 알고 있습니다."

듣는 사람이 착각하고 있기 때문에 인식의 차이가 있어도 그 자리에서는 알지 못한다. 그러므로 듣는 사람이 확인하지 않으면 좀처럼 인식의 차이를 바로잡을 수 없다.

자신이 올바르게 이해하고 있는지를 확인해서 인식의 차이를 없애는 습관을 들이자. 그렇게 함으로써 원활한 대화가 이루어진다. (4장 참고)

③ 지식 부족 :
잘 몰라서 엉뚱한 대답을 한다

지식이 없으면 아예 알아들을 수가 없으니 가장 골치 아픈 경우다. 잘못 알아들으면 바로잡을 수도 없다.

예전에 한 고객이 "이 프로젝트를 어사인해주시지 않겠습니까?"라고 하자 우리 회사 신입사원이 사내의 아사이 씨에게 연락했다. '어사인'(assign, 일을 맡김-옮긴이)의 뜻을 몰라서 '아사이라는 사람을 프로젝트에 부르라'는 줄로 잘못 알아들은 것이다. 이런 식으로 잘못 알아들으면 확인할 방법이 없다.

기본적인 비즈니스 용어와 업계 용어는 알아두어야 하지만 그것만으로는 부족하다. 지식 부족, 정보 부족을 보충하려면 역시 질문을 얼마나 잘하는가가 중요하다.

평소에 효과적으로 질문하는 습관을 들이면 아무것도 두렵지 않다.(5장 참고)

CHECK
어긋난 대화의 원인인 '반사, 착각, 지식 부족'을
깨닫고 대처하자.

04

1분 만에 바로잡는 대화의 리셋 3가지

뭔가 어긋났다 싶은 순간에
바로잡는다

대화의 핀트가 어긋나는 3가지 원인을 이해했다면 이를 어떻게 바로잡을지를 알아보자.

2장에서 자세히 소개하겠지만, 여기서는 즉시 활용할 수 있는 3가지를 소개한다.

① 그 자리에서 확인한다

어긋난 대화를 정정하는 가장 쉽고 효과적인 방법은 그 자리에서 확인하는 것이다. '일단 해보죠', '일단 시작해보겠습니다'라고 말해놓고 집에 일거리를 가져가지 말고, 그 자리에서 확인하는 습관을 들이자.

② 구체화한다

확인할 때는 숫자와 고유명사를 의식한다. 자신도 모르게 '그런 생각으로 말했는데요', '더 구체적으로 말해주었더라면'이라고 불만을 느끼는 사람은 숫자와 고유명사를 의식하면서 질문을 통해 확인하는 작업을 거치는 것이 좋다.

③ 상식은 메모한다

아직 회사생활에 익숙하지 않은 사람은 일반적인 상식이나 해당 업계와 회사 특유의 문화를 잘 모르는 것이 당연하다. 사전에 파악해두면 좋겠지만, 그것도 한계가 있다. 그러므로 모두 메모해두었다가 기억하도록 한다.

CHECK

어긋난 대화를 리셋하는 3가지 방법을 철저히 준수하면
엉뚱한 대응을 하거나 상대와 생각의 차이가 발생하지 않는다.

상대방의 말이나
지시를 경청해야
엉뚱한 대답을
하지 않는다

05

대답이 어긋나는 원인은?

막연하게 말하면
어긋난 대답을 할 수밖에 없다

대화가 어긋나는 가장 큰 원인은 상대방이 막연하게 말하기 때문이다. 전제적인 설명을 생략하거나 애매한 표현을 쓰기 때문이라는 점을 확실히 이해하길 바란다.

다음 예문을 읽어보자.

"제안서 좀 부탁하네."

"제안서요? 어디에서 가져오면 될까요?"

"아니, 자네가 만들었으면 해."

"제가요?"

"지금까지 얘기를 들었으니까, 알 것 아닌가?"

상사에게 이런 식으로 핀잔을 들은 적은 없는가? 대화가 어긋났다기보다 대답이 어긋난 경우이다.

어긋난 대답을 하면 대부분 다음과 같은 지적을 받는다.

"누가 그렇게 말했나?"

"내 말을 제대로 듣고 있는 건가?"

내 입장에서는 "그럴 거면 '제안서를 만들어주게!'라고 처음
부터 말해주지……"라고 이의를 제기하고 싶지만, 그렇게 말하
기는 쉽지 않다. 상대방이 상사이거나 고객이면 더욱 그렇다.
오히려 내가 사과해야 할지도 모른다.

게다가 제안서를 만들어달라는 요청만으로는 구체적으로 어
떻게 하면 좋을지 모르는 경우도 많다.

다음 예문을 읽어보자.

"최대한 빨리 자료를 수집해서 제안서를 만들어줬으면 해.
지난번 회의 기록을 참고해서 말이야. 뭐든 모르는 게 있으면
물어보고."

이런 식의 부탁을 받으면 언제까지 무엇을 하면 되는지 알
수 없다. 자신이 해야 할 일이라는 것을 전혀 모르고 대답도 자
연히 "이번 주는 바빠서 다음 주에 하겠습니다"와 같은 '어긋난
대답'을 할 수밖에 없다.

그 결과 상사는 "내 말을 제대로 들은 건가? 최대한 빨리 만

어긋난 대답을 하는 이유

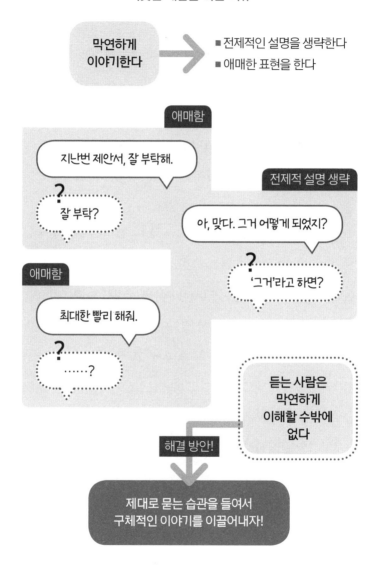

막연하게
이야기한다

■ 전제적인 설명을 생략한다
■ 애매한 표현을 한다

애매함

지난번 제안서, 잘 부탁해.

? 잘 부탁?

전제적 설명 생략

아, 맞다. 그거 어떻게 되었지?

? '그거'라고 하면?

애매함

최대한 빨리 해줘.

? ……?

듣는 사람은
막연하게
이해할 수밖에
없다

해결 방안!

제대로 묻는 습관을 들여서
구체적인 이야기를 이끌어내자!

들라고 했잖아. 내일 아침까지 고객한테 보여줄 제안서를 만들
어 오게"라고 말할 것이다.

이처럼 상대방이 막연하게 말하면 막연하게 이해할 수밖에
없다.

제대로 설명하지 않는 것은
태도 때문

상대방과 관계가 원만하지 않거나, 늘 상대방이 나와 대화하
는 것을 회피한다면 더더욱 주의해야 한다. 나의 태도가 나쁘
면 상대방은 막연한 정도가 아니라 아예 제대로 말해주지 않을
지도 모른다.

상사와 함께 고객과 미팅을 한 후에 고객이 "그럼 제안서를
기다리겠습니다"라고 말했다고 하자. 상사가 웃으면서 "알겠
습니다. 맡겨주십시오"라고 대답했다.

부하직원은 상사가 제안서를 만들 것이라고 생각했는데, 돌
아오는 길에 "잘 알고 있겠지만, 자네가 제안서를 만들어야 하
네. 부탁해"라고 말했다면 어떻겠는가?

"네, 제가요?"라고 엇갈리는 대답을 할 것이다.

"당연하지. 그럼 뭐하러 따라왔나?"

이쯤 되면 심각하다. 어떻게 제안서를 써야 할지 도통 알 수 없다.

듣는 방식과 태도도 문제

왜 이런 일이 일어날까?

이유는 하나다. 듣는 방법에 문제가 있기 때문이다. 상대방이 내 말을 듣고 있지 않은 것 같으면 말할 마음이 사라진다. 어쩌면 '일을 우습게 보는군', '안 되겠는데'라는 마음이 들지도 모른다.

회의 중에 부하직원이 듣고 있지 않는 듯하다면 이렇게 말할지도 모른다.

"회의록을 적어주겠나?"

"회의 내용을 참고로 자료를 만들어주게."

고객과 미팅할 때도 마찬가지다. 함께 미팅에 참여했는데 부하직원이 아무 말도 하지 않고 고객의 말도 듣지 않는 것처럼 보이면 "이봐, 자네가 제안서를 만들게"라는 지시가 떨어질지도 모른다.

그렇기 때문에 듣는 습관이 중요하다. 내가 경청해야 상대방도 성심껏 말해주기 때문이다.

CHECK

어떻게 듣느냐에 따라 상대방이 더 구체적으로 설명해준다.

06

어긋난 대화에서 빠져나오자

어긋난 대화의
소용돌이

제대로 듣는 습관을 익히지 않으면 다음과 같이 어긋난 대화의 소용돌이에서 빠져나올 수 없다.

- 듣는 자세가 갖춰져 있지 않다.
  - → 상대방은 빨리 이야기를 끝내고 싶어 한다.
- 대화가 어긋난다.
  - → 신뢰를 잃는다.
- 상대방이 이야기를 제대로 해주지 않는다.
  - → 대화가 더 어긋난다.
  - → 신뢰를 더 잃는다……. 불신이 반복된다.

이런 상태로는 나는 물론 상대도 서로 스트레스를 안고 일할 수밖에 없다. 상대방이 고객이라면 거래에도 손실을 입을 수 있다.

어긋나지 않는 대화의
소용돌이

그러나 경청하는 습관을 들이면 어긋남의 소용돌이에서 바로 빠져나올 것이다.

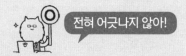

■ 올바른 자세로 듣는다.
  → 상대방이 구체적으로 말해준다.
■ 대화가 어긋나지 않는다.
  → 신뢰받는다.
■ 상대방이 적극적으로 이야기해준다.
  → 대화가 바로 성립된다.
  → 더욱 신뢰받는다……. 신뢰가 반복된다.

어긋나지 않는 대화의 소용돌이에 들어가면 서로 스트레스를 받을 일이 없다. 업무가 원활하게 진행되기 때문이다. 그러므로 경청하는 습관을 들이자.

"듣고 있는데요"라고 해봤자 통하지 않는다. 아직 익숙하지 않을 때는 조금 과장되다 싶을 만큼 온몸으로 '듣고 있습니다'라고 표현하자.

"뭐, 그렇게까지 몰입하지 않아도 돼"라고 상대방이 쑥스러워할 정도가 딱 좋다.

CHECK
제대로 듣는 습관을 들여서
어긋난 대화의 소용돌이에 빠지지 말자.

07

대화의 주도권을 잡는 태도와 자세

무릎에
신경 쓰면서 앉는다

"저 있잖아, 내 말 듣고 있어?"

"네, 듣고 있습니다."

"자네 지금 뭐 하는 건가?"

"왜 그러시는데요?"

상대방의 이야기를 잘 듣고 있는데 갑자기 "내 말 듣고 있는 건가?"라는 말을 들은 적이 있는가? 그나마 상사는 지적하겠지만, 고객은 그런 말조차 하지 않을 것이다. 그저 남의 말을 제대로 듣지 않는 사람이라고 판단해버린다.

이처럼 듣고 있는데도 듣지 않는 듯한 인상을 주거나, 엉뚱한 대답을 하는 사람들이 있다. 그래서 매너 교육을 할 때 강사들은 반드시 앉는 방법부터 지도한다.

기본은 무릎이다. 무릎이 상대를 향하도록 앉는다. 얼굴과 눈은 물론이고, 몸도 다른 방향으로 향해서는 안 된다. 무릎이 상대방을 향하면 몸과 얼굴도 자연스럽게 상대방을 향하게 마련이다. 상대와 마주 앉을 때는 반드시 무릎을 신경 쓰자.

자연스럽게
상대를 향해 앉는다

등받이에 완전히 기대앉은 자세로 남의 말을 들어서는 안 된다. 영화 감상 시간이 아니기 때문이다. 기자가 연예인이나 프로 스포츠 선수를 인터뷰하는 모습을 상상해보자. 보통 의자에 약간 걸터앉는다. 그러면 몸이 자연스럽게 앞쪽으로 기울어진다. 의자에 가볍게 걸터앉아 무릎이 상대방을 향하면 자연스럽게 자세도 좋아진다. 그야말로 '경청할 자세가 되어 있다'는 인상을 준다. 이런 분위기를 만들어주면 상대는 평소보다 더 말하고 싶어질 것이다.

'벼는 익을수록 고개를 숙인다'는 속담이 있지 않은가? 지위가 높은 사람일수록 잘난 척하지 않고 겸허한 자세를 취하는 법이다. 듣는 자세를 잘 취하면 대화의 주도권을 잡을 수 있다는 것을 명심하자.

CHECK
무릎을 상대방에게 향하고 의자에 살짝 걸터앉으면
경청하고 있다는 인상을 준다.

08

오해 없이 듣는 요령

잘못 알아듣거나
인식의 차이를 없애려면

"제안서 좀 부탁하네."

"제안서요? 어디에서 가져오면 될까요?"

"어디서 가져오라니? 무슨 소리야? 직접 만들어야지."

"제가요?"

"당연히 자네지!"

문장으로 읽으면 '왜 이런 어긋나는 대화를 할까?' 하는 생각이 든다. 하지만 사람들의 대화를 잘 들어보면 이런 식으로 잘못 알아듣는 경우가 상당히 많다.

상대의 말을 잘못 알아듣거나 인식의 차이를 없애기 위해서는 소리 내어 말하는 습관을 들이는 것이 좋다.

기본 기술은 '백트래킹(backtracking)'이다. 말하자면 상대방이 하는 말을 '따라 하기'다. 자연스럽게 하면 상대방도 신경 쓰지 않는다. 카운슬러나 비즈니스 코치들 사이에서는 널리 알려진 기술이다.

"내일 4시까지 부탁해."

"내일 4시까지 말씀이시죠? 알겠습니다."

이처럼 상대방이 한 말을 가감 없이 그대로 따라 한다. 앞에서 나온 대화의 경우 다음과 같이 말한다.

"제안서를 만들어주게."

"제안서를 만들면 되지요? 네, 알겠습니다."

이것은 일종의 지시 호흡이다. 기계가 움직이는 것을 보고 손가락으로 가리키며 "좋았어"라고 소리 낸 다음 스위치를 넣는 것을 지시 호흡이라고 한다. 안전을 확인하는 동작처럼 상대의 말을 따라 해서 오해가 없도록 확인하는 것이다.

'일일이 그렇게 하지 않아도 알지 않나?'라고 생각할지도 모른다. 하지만 지시 호흡을 함으로써 휴먼 에러(시스템의 성능이나 안전, 효율을 저하시키거나 그럴 잠재력을 갖고 있는 부적절하거나 원치 않는 인간의 결정이나 행위를 말한다. ─옮긴이)가 6분의 1로 줄어든다고 한다.

상대의 말을 따라 하면
명확해진다

그러므로 조금 성가셔도 상대의 말을 소리 내어 복창(백트래킹)해야 한다.

"지난번에 주신 견적서 내용 말인데, 변경해주시지 않겠습니까?"
"네, 무슨 문제라도 있습니까?"

이렇게 말하는 것이 아니라 다음과 같이 백트레킹을 한다.

"지난번에 주신 견적서 내용 말인데, 변경해주시지 않겠습니까?"
"지난번에 드린 견적서 내용을 변경해달라는 말입니까? 무슨 문제라도 있습니까?"

그러면 상대방은 자신이 애매하게 말했다는 사실을 깨닫는다. 듣는 사람이 복창함으로써 상대방은 자기가 한 말을 다시 듣고 객관화할 수 있기 때문이다.

"아, 그게 아니라 변경해달라는 것은 견적서의 형식을 말하는 겁니다."
"견적서의 형식을 변경해달라는 거군요?"
"네, 그렇습니다."

이처럼 백트래킹을 하는 습관을 들이면 엉뚱한 대답을 하는 일이 대폭으로 줄어들 것이다.

꼭 실천해보길 바란다.

덧붙여서 백트래킹에는 다음 2가지 효과가 있다.

- 잘못 듣는 것을 방지한다.
- 듣고 있다는 표현을 한다.

백트래킹은 별로 준비할 사항은 없으니 습관만 들이면 된다. 언제든지 누구와 대화를 나누더라도 수시로 백트래킹을 할 수 있도록 평소에 충분히 연습해두자.

09

상대의 대화를 이끌어내는 말의 리듬

리액션이 부족하면
대화를 끌어낼 수 없다

"기획서를 만들어보게."

"아, 네."

"지난주 회의에서 다루었던 비용 절감에 관한 기획서야."

"……."

"새로 온 부장님이 비용에 대해 까다롭게 군다네."

"알겠습니다."

"……그럼 부탁하네."

이처럼 상대의 반응이 거의 없다면 말할 마음이 들지 않는다.

상대방이 자세한 부분까지 말해주어야 대화가 어긋나는 일을 최소한으로 줄일 수 있고, 엉뚱한 대답을 하는 일도 없다. 이를 위해서는 듣는 방법이 매우 중요하다.

상대방을 띄워주는
말의 리듬이 있다

핵심은 반응을 보이는 것이다. 제대로 반응을 보여줌으로써 상대방이 계속 이야기하고 싶게 만든다. 콘서트장에서 청중들이 신나게 반응하면 가수들의 기분도 최고조에 달하는 것처럼 말이다.

반응을 양으로 생각하면 아래 3가지로 분류된다.

· 너무 많다.

· 딱 좋다.

· 너무 적다.

반응이 너무 적으면 상대방은 신이 나지 않는다. 콘서트장에서 박수와 환호성이 적은 경우를 상상해보자. 그런 분위기에서는 빨리 노래를 끝내고 싶은 마음밖에 들지 않을 것이다.

반면 반응이 너무 과해도 곤란하다. 차분한 노래를 부르고 있는데 흥분해서 박수를 친다고 상상해보자. 무슨 일이든 적당히 하는 것이 좋다.

쿵짝이 잘 맞는
대화의 리듬

그렇다면 어떻게 하면 좋을까? 크고 작은 반응을 적당히 섞으면 된다. 그리고 상대방을 띄워주기 위한 리듬에도 신경 쓰자. 반응도 리듬이 중요하다.

리듬은 '쿵쿵짝!'으로 기억하자.

"기획서를 만들어보게."

"알겠습니다. 기획서 말씀이시죠?" → 쿵

"지난주 회의에서 다루었던 비용 절감에 관한 기획서야."

"비용 절감에 관한 기획서를 작성하라는 말씀이시군요." → 쿵

"맞아. 새로 온 부장님이 비용에 대해 까다롭게 군다네."

"아, 새로 온 부장님이 비용 절감에 대해 말씀하신 거군요."
→ 짝!

"그렇다네."

이것이 쿵쿵짝 리듬이다. 목소리나 표정도 쿵쿵짝에 맞추어 바꾼다. 그렇게 하면 상대방의 기분과 의욕도 올라가서 점점 더 많은 이야기를 해줄 것이다.

CHECK
복창할 때는 리듬을 의식하면서
쿵쿵짝에 맞춰 말하면 대화를 나누는 것이 즐거워진다.

10

말할 의욕을 북돋우는 단 한 글자

상대방을 칭찬할 타이밍

상대의 말에 반응할 때는 '쿵쿵짝'의 리듬이 중요하다.

'과연.'
'그렇군요.'
'그거 굉장하네요!'

이런 식으로 리듬 있게 반응한다. 이 쿵쿵짝의 '짝!'일 때 '과연', '그렇군요', '굉장하네요'라고 맞장구를 쳐주면 상대방은 더욱 고무된다. 하지만 잡담할 때라면 몰라도, 이런 반응이 조금 부담스러울 때도 있다. 그럴 때는 '아에이오우' 5가지를 익혀보자. 활용하기가 더 쉽다.

'아!'
'예?'
'이!'
'오오.'
'음.'

굳이 소리 내지 않아도 된다. 마음속으로 복창하는 것만으로도 나의 표정이 달라진다. 표정도 하나의 반응이니, 상대가 내 표정을 보고 그에 맞춰 더욱 이야기할 것이다. 소리 내는 것보다 얼굴 표정으로 반응을 보여주자.

CHECK
밝은 표정으로 맞장구를 치면
상대방은 더욱 활기 있게 이야기한다.

11

딴생각에 빠지지 말고 제대로 듣기

100% 알아듣기는
힘들다

"지난주 금요일에 왜 서류 정리를 안 하고 그냥 집에 갔나?"

"네? 서류 정리라면…… 로커 말씀이시죠?"

"로커뿐이 아니야. 사무실의 모든 선반을 말한 거야."

"네? 정말이요?"

"내 말을 제대로 안 들었나?"

"아뇨, 제대로 들은 것 같은데……."

"자네만 빼고 전 직원이 남아서 서류를 정리했어."

제대로 들었다고 생각했는데, 이런 엉뚱한 반응을 했던 적은 없는가? 앞에서 말한 대로 잘못 들으면 엉뚱한 대답을 할 수밖에 없다.

백트래킹(따라 하기)은 도움이 되지만, 기본적으로는 일대일로 대화할 때만 활용하는 것이 좋다.

여러 사람 앞에서 누군가에게 설명을 듣고 있을 때 일일이 복창하기는 어렵다. 게다가 설명이 길어지면, 잘못 알아듣는 것이 아니라, 아예 놓치고 못 듣는 경우도 많다.

지레짐작으로 넘어가면
안 된다

그럼 어떻게 하면 좋을까?

한 문장, 한 마디도 놓치지 않도록 집중해서 듣는 수밖에 없다. 같은 듣기라도 '히어(hear)'와 '리슨(listen)'은 다르다. 자연스럽게 귀에 들어오는 것이 'hear'이고, 의식해서 듣는 것이 'listen'이다. 놓치고 못 듣는 경우가 많은 사람은 무의식중에 'hear'의 자세로 듣고 있었을 것이다.

귀에 들어오는 대로 듣는 사람은 지레짐작을 하기 쉽다. 인상적인 단어가 들리는 순간 자꾸 그쪽만 신경 쓰다 보면 다른 것들은 놓치고 못 듣는다.

"내일 금요일은 서류를 정리했으면 하니 1시간 정도 야근해야 해."(흠, 서류 정리인가?)

"로커에 서류를 그냥 처박아두는 사람들이 많지 않나? 그러면 안 되지."(아, 나도 로커에 서류를 넣어두곤 하지.)

"사무실 모든 선반에 있는 서류를 정리해야 해. 힘들겠지만 부탁해."(그러고 보니 로커 안에 고객 정보도 남아 있었지. 그건 서류

절단기에 넣는 게 좋겠어.)

이처럼 상대의 말을 처음부터 끝까지 주의 깊게 듣지 않고 혼자 이런저런 생각을 하는 사람은 특히 조심한다. 주의를 기울이지 않으면 중요한 정보를 놓칠 수 있다.

영어 듣기 시험을 치른다는 마음으로 상대의 이야기를 듣자. 그런 마음가짐만으로도 훨씬 집중해서 들을 수 있다. 그러면 혹시 놓치고 못 들었다 하더라도 "죄송한데 지금 하신 말씀 한 번만 더 해주실 수 있을까요?"라고 질문할 수 있다.

이처럼 상대방의 이야기에 귀를 기울이면 엉뚱한 대답을 하지 않을 것이다.

CHECK
영어 듣기 시험을 치르는 기분으로 한 마디 한 마디를 주의 깊게 들어야 대화가 어긋나지 않는다.

인식의
차이를 없애는
'확인'의 기술

12

말로 관계를 망치지 않아야 한다

대인관계를 악화시키지 않는 커뮤니케이션 방법

어떤 일이 있더라도 대인관계는 나빠지지 않아야 한다. 어떻게 하면 대인관계가 좋아질지를 생각하기 전에 나빠지지 않도록 주의하자.

대인관계가 나빠지는 원인은 무엇일까? 그것은 물론 커뮤니케이션에 있다. 상대방의 용모나 성격 때문에 관계가 불편해질 일은 일단 없다.

제대로 말이 통하는 데다 상대방에게 '저 사람은 내 말을 이해하고 있구나'라는 이미지를 심어줄 수 있다면 관계가 나빠질 일은 없다.

그렇다면 관계를 악화시키지 않는 커뮤니케이션 기술이란 무엇인가?

그것은 바로 '확인'이다.

사람들은 생략해서 말하기를 좋아하는 습성이 있으며, 특히 경력 사원들은 상대방도 당연히 이해하고 있을 것이라고 생각하면서 말하는 경우가 많다.

그렇기 때문에 전혀 확인하지 않으면 대화의 핀트는 계속 어

굿난다. 대화하는 중에 상대방의 말을 자연스럽게 '확인'하는
여러 가지 노하우를 소개하고자 한다. 대인관계를 원만하게 유
지하기 위해서라도 꼭 활용해보자.

CHECK
상대방이 말하는 내용을 확인하는 습관을 들이면
대화가 어긋나서 오해하는 것을 방지할 수 있다.

13

'이해했어?'라는 말을 듣지 않는
확인의 노하우

'알겠습니다'라고
바로 답해서는 안 된다

대화가 잘 이루어지기 위해서는 상대방이 말하는 내용을 확인하는 것이 90%를 좌우한다.

일상에서 자신의 의사를 능숙하게 전달하는 사람은 아마 10%도 채 안 될 것이다. 그러므로 말하는 사람이 듣는 사람에게 하고자 하는 말을 제대로 전달하는 것은 처음부터 불가능하다고 생각하자.

그러한 점에서 '무슨 말인지 알겠나?'라는 질문에 '네, 알겠습니다!'라고 대답하는 것은 애초부터 잘못되었다.

아무것도 확인하지 않고 '알겠습니다!'라고 말한 순간 대화는 성립하지 않는다. 상대방이 '이해를 못 하고 있군……'이라고 생각해도 어쩔 수 없다.

애초에 상대방에게 '무슨 말인지 알겠나?'라는 질문을 받아서는 안 된다. 상대방이 확인하기 전에 내가 먼저 확인하는 것이 예의이기 때문이다.

"내일 4시까지죠?"

"부장님에게 전하면 되죠?"

　이렇게 구체적으로 확인하는 습관을 들여야 상대가 말하는
내용을 정확하게 이해할 수 있다.

CHECK

무턱대고 대답하지 말고 확인하면
잘못 이해할 일도 없고 상대방도 안심한다.

14

대화의 핀트를 맞추는 2가지 질문

옆길로 빠지는 상대의 대화를
되돌리는 법

상대방이 막연하게 말할 때는 듣는 사람이 스스로 대화가 어긋나지 않도록 맞추어야 한다. 대화가 어긋나면 오히려 듣는 사람이 책망받을지도 모르기 때문이다.

대화의 핀트를 맞추는 2가지 말은 다음과 같다.

'구체적으로는?'

'예를 들면?'

우선 '구체적으로는?'이라는 말을 어떻게 쓰는지 알아보자.

"기획서는 이해하기 쉽게 작성하게."

"이해하기 쉽게 쓰라는 말씀이시군요. 이해하기 쉽다는 것은 구체적으로 어떤 것을 말하나요?"

뭔가 이미지가 떠오르면 '예를 들면'이라는 말로 확인한다.

"이해하기 쉽다는 것은 구체적으로 어떤 것을 말하나요? 예를 들면 도표를 작성하라는 말씀이신가요?"

이렇게 대화의 핀트를 맞춰나가면 서로의 생각이 어긋나는 일은 없다.

"맞아. 도표를 잘 활용해보게."
"아니, 그렇게까지 안 해도 되네. 몇 가지 조항으로 적어보게."

이렇게 상대방도 대화의 핀트를 맞춰줄 것이다. 특히 상사에게 어떤 지시를 받았을 때는 '구체적으로', '예를 들면' 2가지를 입버릇처럼 달고 명확하게 확인하는 습관을 들이자.

CHECK
'구체적으로', '예를 들면'이라고 추가로 물어보는 방식으로
상대의 생각을 명확하게 이해할 수 있다.

15

과녁을 절대 벗어나지 않고 명중하는 대화법

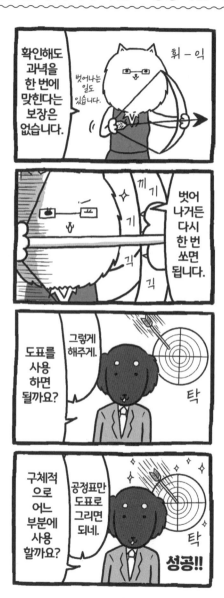

명확하게 이해할 때까지
확인하자

'구체적으로', '예를 들면'을 사용해서 확인해도 과녁을 벗어날 때가 있다. 그러면 상대방은 '이해를 못 했군'이라고 생각한다.

제대로 확인했는데도 왜 아직까지 대화의 핀트가 어긋나는 걸까? 그것은 한 번에 과녁을 맞힌다는 보장이 없기 때문이다.

과녁을 향해 화살을 쏘았다고 한 번에 명중할 확률은 드물지 않은가? '좀 더 오른쪽인가?'라는 생각이 들면 오른쪽으로 다시 쏜다. 그리고 다시 너무 오른쪽으로 치우쳤으면 왼쪽으로 수정해나가야 한다.

확인하는 과정을 한 번으로 끝내서는 안 된다. 상대와 생각의 차이가 거의 없을 때까지 맞춰나가는 과정이 필요하다.

"예를 들면 도표를 작성하라는 말씀이신가요?"
"그래 맞아. 도표를 적절히 사용해주게."

이처럼 한 번 확인했다고 안심해서는 안 된다. 도표를 사용하면 된다는 사실은 알았지만 아직 막연하다. 그러면 다시 '구체적으로' 질문해서 확인한다.

 "도표를 써서 이해하기 쉽게 기획서를 작성할 예정인데, 좀 더 구체적으로 알려주시겠습니까?"

"공정표만 도표로 그리면 되네. 그 외에는 글로 충분해."

이렇게 상대방은 자세히 가르쳐줄 것이다. 몇 번이고 확인하면 성가시게 생각하지 않을까 싶지만 그렇지 않다.

'일을 제대로 하려는 사람이군'이라고 생각할 테니 지시 사항을 명확하게 이해할 때까지 확인한다.

CHECK
몇 번을 물어보더라도 제대로 확인하는 자세는
좋은 평가로 이어진다.

16

상대의 생각을 읽어가면서 말하라

영업사원이
절대 해서는 안 되는 것

성공적인 대화를 위해서 가장 중요한 것은 상대의 '입장'을 명확하게 아는 것이다.

서로의 입장이 다르면 처음부터 핀트가 어긋나는 대화를 하게 된다. 따라서 상대의 '입장'을 아는 것이야말로 성공적인 대화의 전제 조건이다.

예를 들면 영업사원과 고객의 대화를 보자. 고객이 정보 수집을 하려고 영업사원을 불렀다고 하자. 그런데 영업사원이 구체적인 제안을 하면 고객은 어떻게 반응할까?

"저희 회사 제품은 다른 제품에 뒤지지 않는 장점이 있습니다. 꼭 한 번 검토해주세요."

"아, 저는 정보만 좀 수집하고 싶었어요."

"네? 정보 수집이요?"

"네, 처음부터 그렇게 말하려고 했는데……."

어떻게든 팔아보려고 고객을 방문한 영업사원은 실망할 것이다. 하지만 어쩔 수 없다. 사전에 상대방의 입장을 확인하지 않아서 생긴 일이기 때문이다.

- 고객 → 정보를 수집할 의도
- 영업사원 → 제품을 팔 의도

이처럼 서로의 입장이 다른 상태에서 대화를 시작하면 서로가 원하는 것을 얻을 수 없다.

고객이 무슨 생각을 하는지 확인하자

고객이 전화해서 "그 회사의 상품에 관심이 있어서 영업 담당자에게 얘기를 좀 들어보고 싶은데요"라고 했을 때, 무턱대고 "알겠습니다"라고 대답해서는 안 된다. 그 시점에서 '무슨 생각'인지 확인해야 한다.

"저희 회사 제품에 흥미가 있다는 말씀이시죠? 감사합니다.

그렇다면 구체적인 제안을 드리고 싶은데 괜찮으신가요?"

 이런 식으로 나의 입장을 내세워서 확인하는 것이다. 그렇게 하면 고객은 자신의 입장, 즉 '무슨 생각'으로 영업사원을 부르려고 하는 것인지 구체적으로 말해줄 것이다.

신중하다멍

"그러려고 전화한 것은 아니고요. 그냥 정보만 좀 얻고 싶어서요."
"아, 정보 수집 때문에 연락하셨군요. 그렇다면 어떤 정보를 알려드리면 좋을까요?"
"어떤 제품들이 있는지 제품 리스트와 다른 회사와 비교한 것이 있으면 좋겠는데요."
"제품 리스트와 타사와 비교표 말씀이신가요? 그 밖에도 몇 가지 팸플릿이나 카탈로그를 좀 가져다드릴까요?"
"그래 주시면 고맙겠습니다."

 이처럼 확인 작업을 제대로 하면 서로 '그럴 생각이 아니었는데'라는 민망한 상황을 예방할 수 있다.

일상생활에서도 마찬가지다. 이와 같은 입장 차이 때문에 핀트가 어긋난 대화를 하는 경우가 많다. 이쪽은 일상적인 잡담을 하려고 했는데 상대방이 진지하게 문제를 해결하려고 하거나, 진지하게 의논할 생각이었는데 상대는 농담으로 받아들인다면 제대로 대화가 이루어지지 않는다.

서로의 입장이 맞지 않아 대화가 어긋나고, 자신도 모르는 사이에 신뢰를 잃고 만다. 그러므로 늘 명심하자. 상대방은 '무슨 생각'으로 나와 대화하려고 하는지를 말이다.

CHECK

서로의 입장을 확인해두면 '그러려고 그런 게
아니었는데'와 같은 상황을 피할 수 있다.

17

늘 가지고 다녀야 할 2가지 물건

메모하면서
대화할 때의 효과

대화를 나눌 때 확인하는 습관을 들이기 위해 늘 메모지와 펜을 준비한다. 상대방의 말을 들으면서 메모하는 습관을 들이면 자연스럽게 확인할 수 있다.

전화 응대라고 생각하면 이해하기 쉽다. 상대에게 전화 문의를 받았다고 가정하자. 통화로 응대할 때 메모하지 않고 이야기를 듣는 사람은 거의 없을 것이다. 누구나 반사적으로 펜을 잡고 메모를 한다.

이처럼 누군가와 이야기할 때도 전화로 응대할 때처럼 메모하자. 그러면 자연스럽게 확인하는 습관을 들일 수 있다.

메모하는 습관은
확인하는 습관

속도가 중요하기 때문에 종이에 메모할 것을 추천한다. 스마트폰이나 컴퓨터는 기동성이 떨어지고 상대방에게 주는 이미지도 별로 좋지 않다.

'메모는 역시 종이가 최고지'라는 기능성을 떠나, 상대방이 이야기하고 싶어지게 만드는 자세를 보여주는 것도 중요하다.

종이와 펜으로 메모하는 모습을 보여주면 상대방도 자신도 모르게 이야기에 열중하게 된다. 주머니 크기의 메모장이나 포스트잇도 괜찮다. 펜과 함께 늘 지니고 다니자.

확인하는 습관은 메모하는 습관과 한 세트로 생각한다. 메모하면서 이야기를 듣는 것만으로 자연스럽게 확인하는 습관이 생길 것이다.

CHECK

상대의 이야기를 확인해서 명확하게 이해하고
기억하기 위해서는 종이와 펜을 항상 가지고 다니면서
메모하는 습관을 들인다.

18

상대방이 적극적으로 바뀌는 메모 퍼포먼스

'메모 좀 해도 될까요?'는
필살기

상대방의 의욕을 북돋우는 데는 메모를 이용하는 것이 가장 유용하다. 메모 퍼포먼스를 보여주면 상대방이 적극적으로 이야기해줄 가능성이 높다.

상대방이 기분 좋게 이야기하도록 만들려면 어떤 메모 퍼포먼스가 좋을까? 우선 메모하기 시작할 때의 문구를 소개하겠다.

상사나 고객이 중요한 이야기를 시작하면 "메모 좀 해도 될까요?"라고 솔직하게 물어본다. 아무 말 하지 않고 자연스럽게 메모하는 편이 좋을 때도 있지만, 상대방이 회사의 경영진이나 중역이라면 '내 얘기를 중요하게 생각한다'는 인상을 줄 수 있다.

마치 연예인을 취재하는 기자와 같은 태도를 보이면 상대방은 자세부터 바로잡는다. 이는 상대방의 자존심을 높여주는 효과도 있다.

그렇기 때문에 일부러라도 "메모 좀 해도 될까요?"라고 일단 이야기를 중단시킨 후, 메모장을 꺼내고 준비가 다 되면 "그럼 시작하시죠"라고 말한다.

'한 번만 더 말씀해주시겠어요?'의 효과

상대방이 말하는 내용을 빠짐없이 모두 메모할 필요는 없다. 아무리 빨리 써도 전부 받아 적는 것은 어차피 불가능하다. 너무 쓰는 데만 열중하다 보면 정작 중요한 것을 놓치고 못 들을 때도 많다.

그렇다고 초조해할 필요는 없다. 놓치고 못 들었다는 생각이 들면 오히려 기회라고 받아들이자. 여유를 갖고 "잘 못 들었는데, 한 번만 더 말씀해주시겠어요?"라고 질문한다.

그런다고 해서 "뭐야? 제대로 안 듣고 있었던 거야?"라며 불평하는 사람은 없다. 오히려 더 자세히 설명해줄 것이다. 컨설턴트는 직업 특성상 주로 설명을 하고 상대방이 메모하는 경우가 훨씬 더 많다. 수완이 좋은 기자나 일 잘하는 비즈니스맨은 다음과 같이 묻는다.

"지금 그 부분 다시 한 번 말씀해주시겠어요?"

"중요한 부분을 놓치고 못 들었는지도 모릅니다. '조직개혁에서는' 다음 내용부터 한 번 더 말씀해주세요."

이런 요청을 들으면 상대방은 이해하기 쉽고 알아듣기 쉬운 속도로 좀 더 자세히 이야기하려고 할 것이다. 상대방을 적극적으로 유도하는 데 매우 효과적인 것이 메모 퍼포먼스다.

이메일 보내기로 굳히기

메모를 했다가 그 내용을 이메일로 보내는 것은, 말하자면 '굳히기'다. 특히 영업 활동에서는 이런 수고를 추가하면 큰 효과를 볼 수 있다. 딱딱한 표현은 굳이 쓰지 않아도 된다. 예를 들어보자.

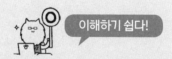

이번에는 다음 3가지를 이해한 후에 제안서를 작성하겠습니다. 이견이 있다면 알려주십시오.

- 상품의 특징과 납품 과정을 중점적으로 기입합니다.
- 제안서와 견적서는 나누어 작성합니다.
- 6월 21일(금) 오전까지 메일로 보내드리겠습니다.

이때 포인트는 명사형으로 종결하지 않는 것이다.

- 상품의 특징과 납품 과정을 기입
- 제안서와 견적서는 나누어 작성
- 6월 21일(금) 오전까지 메일 송부

이처럼 문장을 명사형으로 끝내면 이해하기 힘들다. 그러므로 명사화하지 않고 동사로 마무리하자. 그러는 편이 쓰는 사람이나 읽는 사람도 스트레스가 없다.

그 자리에서 메모를 하고 나중에 내용을 정리해서 상대방에게 이메일을 보낸다. 이런 습관이 있다면 상당히 수준급이다.

CHECK
메모하는 자세나 나중에 보내는 이메일로 호감도를 올린다.

19

핵심을 놓쳤을 때 되찾는 법

확인을 깜빡했을 때의
대처법

확인하는 습관은 중요하지만, 누구나 잊어버릴 수 있다. 그렇다고 그냥 방치하는 것은 금물이다. 대화하는 도중 잊어버리고 확인하지 않았을 때는 어떻게 대처해야 하는지 알아보자.

포인트는 '확인'이 아니라 '의논'하는 것이다.

시간이 지난 후에 "그때 뭐라고 하셨나요?"라고 물어보기는 쉽지 않다. 예컨대 상사가 고객 리스트를 만들라고 지시했다. 하지만 그 자리에서 자세히 확인하지 못하고 3일이 지나버렸다. 그래서 어떤 리스트를 만들면 좋을지 모르겠다고 하자.

새삼스럽게 상사에게 가서 "그런데 어떤 고객 리스트를 만들면 될까요?"라고 물어보면 상사가 어떻게 생각하겠는가? "아니, 3일이나 지나서 물어보는 거야?"라고 야단칠지 모른다.

대뜸 지난번 지시하신 건에 대해 "확인 좀 해도 될까요?"라고 말하면 '이제 와서 왜 그러는 거야? 아직까지 손도 안 댄 건가?'라고 생각한다.

이럴 때는 의논하듯이 슬쩍 확인해보는 방법이 있다.

"의논해도 될까요?"라고 하면 이미 작업을 한창 하고 있는

"지난번 고객 리스트에 대해 의논하고 싶은 것이 있어서요."

"어, 무슨 일인데?"

"어디에 초점을 맞춰야 할지 고민돼서요."

"수도권 고객에 초점을 맞추면 돼. 50건도 안 되지 않나?"

"어떤 키워드로 초점을 맞춰야 할까요?"

"수도권에서 OR 검색(복수의 조건 중 적어도 하나를 만족시키는 것을 검색 – 옮긴이)을 하면 돼."

"아하, 그렇군요. 알겠습니다. 감사합니다."

중에 물어본다는 인상을 준다.

물어보기 힘들 때는
잡담으로 자연스럽게

하지만 시간이 지난 후에 확인하는 것은 조금 용기가 필요하다. 설령 의논이라는 형태로 물어본다고 해도 말이다.

그럴 때는 잡담으로 분위기를 부드럽게 풀어주는 것이 좋다.

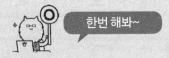
"어제 회식은 즐거우셨어요?"

"어, 오랜만에 분위기 좋았지."

"고객하고 상담한 후에 실패했던 얘기가 특히 재미있었어요."

"에이, 그건 좀 잊어주게."

"그런데 다음 주 제안에 대해 의논할 것이 있는데요."

"어, 무슨 일인데? 뭐든 물어봐."

잡담으로 상대방을 기분 좋게 만든 후에 의논하는 것이다.

잡담으로 일단 분위기를 화기애애하게 만들면 의논하기 쉬워진다. 그리고 의논하는 척하면서 확인하는 것이다. 그렇게 하면 원활하게 인식의 차이를 좁힐 수 있다.

CHECK
잡담하는 척하면서 분위기를 좋게 만든 후에
의논을 가장해서 확인한다.

20

'덧붙여서'로 한 번 더 확인하기

꼬리에 꼬리를 무는
확인이 필요한 순간

상사에게 자질구레한 것까지 하나하나 물어보기가 쉽지 않을 때가 있다. "그런 것까지 일일이 내가 알려줘야 하나?"라는 말을 들을 수도 있다. 하지만 일일이 확인해야 할 때도 있다.

"과장님에게 서류를 어떤 순서로 정리하면 될지 확인해봐."
"과장님은 그런 것까지 일일이 신경 안 써."
"과장님은 신경 안 써도 부장님은 신경 쓴단 말이야!"

누구나 이런 상황을 경험한 적이 있을 것이다. 그럴 때 상세한 사항을 확인하는 방법으로 '덧붙여서'를 사용한다. 이미 알고 있는 사항을 확인한 후에 이렇게 묻는다.

"덧붙여서 이것은 어떨까요?"

그렇게 하면 자연스럽게 '이것은 이렇다'라고 가르쳐준다.
이때 갑자기 상세한 것을 물어보는 것이 아니라, 굵직한 것

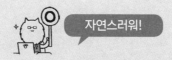

자연스러워!

"과장님, 서류 정리는 오후 5시까지 끝내면 되지요?"

"맞아."

"서류는 A선반에 둘까요?"

"그래."

"덧붙여서 서류는 고객 이름순으로 정리하는 것이 좋을까요?"

"아니, 날짜순이 좋겠어."

"알겠습니다. 최신 날짜순으로 정리할까요?"

"아니, 오래된 순으로 정리하는 게 낫지."

"알겠습니다. 서류는 오래된 순으로 왼쪽부터 넣어두겠습니다."

부터 물어보는 것이 요령이다.

'확인'은 의외로 폭넓게 사용할 수 있는 데다 특별한 커뮤니케이션 기술이 필요한 것도 아니다. 확인하는 습관이 몸에 배면 모든 대인관계가 나아질 것이다.

CHECK

굵직한 것부터 물어보면서 차츰 핵심에 다가간다.

이야기가 장황하고
탈선하기 쉬운
사람은
더 꼼꼼히 말하자

21

아무렇게나 말하면 아무 관계도 안 된다

말할수록
오해만 키우는 대화법

대화가 서로 어긋나는 것은 막연하게 이야기하기 때문이다. 안개 낀 것처럼 희미하고 분명하지 않게 말하면 상대는 어떻게 이야기를 마무리해야 할지 몰라 당황스럽다.

"요즘 야근이 너무 잦은 것 같은데, 왜 그런가?"
"여러 가지로 바빠서요."
"여러 가지라니 어떤 일을 말하는 거지?"
"영업기획부에서 의뢰한 일이 있어서요."
"영업기획부에서? 일이 그렇게 많아?"
"아니, 그 정도는 아니지만……."
"영업기획부에서 의뢰한 일이 구체적으로 뭔가?"

이런 식으로 상대방이 몇 번이나 확인해주면 그나마 다행이다. 그렇지 않으면 자기 멋대로 해석하고, 그러다 보면 오해가 오해를 낳는 일도 있다.

"자네, 우리 영업기획부에서 일을 너무 많이 줘서 요즘 야근에 시달린다며?"

"네? 무슨 말씀이세요?"

"자네 상사에게 들었어."

"이벤트 자료 작성하는 것을 도와드렸을 뿐인데요."

"그 정도는 1시간이면 할 수 있지 않나?"

"영업기획부 일 때문에 야근이 늘었다고 말한 적은 없는데요……."

'여러 가지로 바빠서요'라고 생각나는 대로 그냥 막연하게 말하면 이런 오해를 불러일으킨다.

CHECK
아무렇게나 대충 모호하게 말해서
상대방을 혼란스럽게 하고 있는 것은 아닌지 되돌아보자.
모호한 말습관은 오해를 낳는다.

22

'빠뜨리지 않고' '자세히'는 기본이다

말할 때의 기본은 그렇게 어렵지 않아.

타닥 타닥 타닥

무조건 꼼꼼하게 말할 것

후루룩 후루룩

'빠뜨리지 않고', '자세히' 말하려고 신경 쓰는 것만으로도 충분해.

아아......

죄송해요 여러 가지로 바빠서!

하아......

뭐야? 그 여러 가지가!

푸들 군의 이야기는 건너뛰고 너무 대충이야......

하여간......

대충 이야기하고
있지 않은가?

많은 사람들이 유창하게 말하고 싶고, 상대방을 매료하는 대화법을 익히고 싶어서 한다. 하지만 유감스럽게도 기본을 갖추지 못한 사람들이 대부분이다.

기본이란 무엇인가?

정중하게 말하는 것이다.

유창하지 않아도 좋고 대화가 활기를 띠지 않아도 된다.

"글씨를 예쁘게 쓰지 않아도 되니 정성껏 써라."

학교 선생님에게 이런 가르침을 받지 않았는가?

말할 때도 마찬가지다. 대화의 기술이 뛰어나지 않아도 정중함을 잃지 않아야 한다.

정중하다는 것은 엉성한 것이 아니라 세심한 것이다.

그런 의미에서 '여러 가지로 바빠서요'라는 말은 너무 엉성하다. 더 정중하고 세심하게 말하자.

"가장 큰 원인은 새로운 프로젝트 2개가 동시에 들어온 것입니다. 2가지 다 익숙하지 않아서 준비하는 데 시간이 걸리네요."

이렇게 말하면 상대방이 자기 마음대로 해석하는 일은 없을 것이다. 정중하게 말하려면 '빠뜨리지 않고', '자세히' 말하도록 신경 쓰자.

CHECK

너무 지나치다 싶을 만큼 '빠뜨리지 않고', '자세히' 말해야
정중한 이미지를 줄 수 있다.

23

마지막까지 서술어로 마침표를 찍어라

말줄임표로
대화를 끝내지 마라

"저, 아까 회의에서 거론된 고객 설문조사 말인데요……."

"그건 내가 만들게."

"아니, 그게 아니고 고객에게는……."

"고객에게도 내가 전달할게."

"아니, 저, 고객에게 그 설문조사를 보내도 될지……. 그러니까……."

"대체 무슨 말을 하고 싶은 건가?"

끝까지 분명하게 말하지 않는 사람들이 의외로 많다. 우리는 문장 맨 끝에 서술어를 두는 습관이 있다. 주어와 서술어가 먼 것만으로도 이해하기 힘든데, 서술어를 말하지 않고 문장을 끝낸다면 어떨까?

"자료를 이메일로 보냈으니 확인해주세요"라고 말해야 할 것을, "자료를 이메일로 보냈으니……"로 끝내버린다. 더 심한 경우는 다음과 같다.

"자료를 이메일로 보냈습니다."

'확인해주세요'를 생략해버리면 상대방은 확인해야 한다는 사실을 눈치채지 못한다. 이것은 너무 허술한 화법이다. 좀 더 정중하게 이야기하자.

상대에게 의뢰할 때는 자신이 무엇을 했는지에서 끝내지 말고 상대방이 무엇을 해주었으면 하는지, 상대방의 입장에서 이야기를 마무리하는 것이 중요하다.

예를 들어 '평가지를 기입했습니다'로 끝내는 것이 아니라, '평가지를 기입했으니 확인해주세요'라고 말해야 한다.

빠짐없이 자세히 말할수록 더욱 정중하게 느껴진다.

"평가지를 기입했으니 내일 저녁 4시까지 확인해주십시오."

필요한 내용을 '빠짐없이, 자세하게' 말하려면 말끝을 흐리지 말고 세심하게 끝까지 서술어로 이야기를 마무리하는 습관을 들이자.

24

막연한 표현을 4W2H로 분해한다

'열심히 하겠습니다'로는
충분하지 않다

"적극적으로 신규 거래처를 개척하겠다고 말했던 것 같은데 전혀 적극적이지 않네?"

"네? 제 나름대로는 적극적으로 한 거였는데요."

"어디가 적극적이란 말인가?"

"어떻게 그런 말씀을……."

막연하게 말하는 사람의 특징은 형용사, 부사를 가공하지 않고 그대로 사용한다는 것이다. 특히 뭔가를 선언할 때는 주의하자.

'철저히 하겠습니다!'

'적극적으로 하겠습니다!'

'제 나름대로 분발하겠습니다!'

이렇게 말하면 열의에 찬 것처럼 들린다. 그러나 상대의 기대를 충족하지 못하면 부정적인 반응을 얻기 쉽다.

"말끔히 정리하겠다고 큰소리치고는 못 하지 않았는가?"

"전력을 다해 우리 회사를 지원한다더니, 이건 말이 안 되지 않나요?"

형용사와 부사는 편리하지만 그것만 쓰면 전달력이 약하다. 잡담이라면 몰라도 비즈니스 현장에서는 대화의 핀트가 어긋나기 쉽다.

4W2H로 말하면
이해하기 쉽다

그럴 때 4W2H로 분해해보자. 다음의 6개 의문사로 물어보는 것이다.

- 언제(When)
- 누가(Who)
- 무엇(What)
- 어디(Where)
- 어떻게(How)
- 얼마나(How many)

그냥 '말끔히 정리하겠습니다'라고 말하는 것이 아니라 다음과 같이 상세하게 말한다.

"H씨와 K씨 둘이 함께 12층 사무실에 있는 상자를 모두 꺼내서 필요 없는 것을 주임님께 확인하고 처분하겠습니다. 필요한 물건은 11층에 있는 창고로 옮기겠습니다."

이처럼 '누가 무엇을 어디에서 어떻게' 했다고 상세히 말하면 오해받을 일이 없다.

"전력을 다해 귀사를 지원하겠습니다."

이렇게만 하면 상대방도 막연하게 기대하기 때문에 인식의 차이가 생긴다. 나중에 상대가 '얘기가 다르잖아'라고 생각할 수

"귀사의 비용 절감 프로젝트를 위해 본사는 9월 말까지 4개 부서에 대해 두 번 공부 모임을 개최하겠습니다. 그 후 일곱 장짜리 매뉴얼을 작성해서 납품하겠습니다."

도 있기 때문에 위와 같이 더욱 공들여서 말해야 한다.

대화의 핀트를 맞추기 위해서라도 4W2H를 의식해서 정중하게 말한다.

25

지시대명사를 남발하면 오해만 쌓인다

인식의 차이를 낳는
'이, 그, 저'에 주의하자

"회의에서 부장님에게 그 건에 대해서 말씀해주시지 않겠습니까?"

"아, 그것 말인가? 알겠네."

(회의 후)

"이봐! 그 건이라는 게 A사의 대형 안건 말인가?"

"그게 아니라 총무과의 R씨가 일주일째 쉬고 있는 건에 대한 거예요."

"그 건 말인가? 처음부터 확실히 말해주지."

업무적인 대화에서 '이, 그, 저'와 같은 지시대명사를 많이 쓰지 않도록 주의해야 한다. '저 기둥', '이 창고', '그 자료' 하고 실물을 직접 가리키면서 이야기하면 별문제가 없다. 그러나 실체가 없는 것에 대해 말할 때 '이것', '그 건', '저 사람'이라는 식으로 무엇을 가리키는지 분명히 말하지 않으면 매우 엉성한 표현이 된다.

"과장님, 그 고객님께 연락하셨나요?"

"그 고객이라니 어떤 고객을 말하나?"

"그 이메일 때문에 좀 우울해."

"그 이메일이라니 어떤 이메일?"

접속사와 마찬가지로 '이, 그, 저, 어느'의 지시대명사는 앞 문장과 연결되어야 한다. 따라서 "부장님이 A건설 담당자에게 한 그 발언으로 일하기가 무척 수월해졌다"가 아니라 다음과 같이 '그 발언'이 어떤 것인지를 언급한다.

"부장님이 A건설 담당자에게 납기에 대한 클레임을 해주셨습니다. 부장님의 그 발언 덕분에 일하기가 무척 수월해졌습니다."

이처럼 '이, 그, 저, 어느'가 지칭하는 것이 무엇인지를 구체적으로 말하면 좋다. 앞에서 확실히 언급한 후에 '이, 그, 저,

어느'를 사용하면 상대방이 이해하기 쉽다.

지시대명사는 편리하지만 남용하면 허술한 표현 방식이 되므로 제대로 사용해야 한다.

CHECK
'이, 그, 저, 어느'와 같은 지시대명사는
되도록 사용하지 않는다는 마음가짐으로 이야기한다.

26

상대방의 사전에 있는 단어로 이야기하자

26

상대방의 사전에 있는 단어로 이야기하자

개발 중인 소프트웨어에는 효율적으로 조작할 수 있는 기능을 어사인했습니다.

어사+인?

*일본어로 '아사'는 '아침'이고 '인'은 '안으로'를 뜻하는 전치사 'in'을 말한다.

리소스에 관해서는 이 자료에 적혀 있습니다.

보시죠

리소스?

업계 용어를 무턱대고 쓰지 말고 상대방이 이해할 수 있는 말로 바꾼다.

125

언어의 장벽은
관계의 장벽이 된다

"고객님, 리드 너처링(lead nurturing, 특정 잠재고객의 요구를 파악한 다음 그 부분에 맞게 콘텐츠를 조정하는 것−옮긴이)을 하려면 저희 회사의 솔루션이 최적입니다."

"아, 그렇군요……."

"그때의 온보딩 프로세스(onboarding process, 신규 가입자나 입사자가 순조롭게 적응할 수 있도록 지원하는 과정−옮긴이)와 그것을 구축하는 방법은 이 자료에 적혀 있습니다."

"흐음."

"혹시 질문 있으십니까? 가능하면 오늘 안에 확정하고 싶은데요."

업계에서는 일상적으로 쓰이는 말, 즉 '업계 용어'와 자주 듣지만 정확한 뜻을 잘 모르는 '비즈니스 용어'에는 주의하는 것이 좋다.

케파(capacity, 최대치), 컨펌(confirm, 승인), 어젠다(agenda, 안

건), 롤(role, 역할), 디렉션(direction, 지시), 인폼(inform, 통보), 이니셔티브(initiative, 새로운 계획, 주도권), 태스크(Task, 과제), 리소스(resource, 자원), 론칭(launching, 사전 출시), 펜딩(pending, 미결), 프라이오러티(priority, 우선 사항), 포워딩(forwarding, 발송)

외국 기업, IT 업계, 컨설팅 업계에서 자주 쓰는 비즈니스 용어를 섞어서 말하면 대화가 제대로 이루어지지 않을 위험이 크다. 익숙한 사람이 아니면 좀처럼 이해하기 어렵기 때문이다.

그래서 늘 상대방의 머릿속이 어떤지 의식해야 한다. 구체적으로는 상대방의 머릿속 사전을 고려한다. "새로운 서비스를 론칭한 후에 어떻게 현장에 리소스를 배분할지 함께 생각해봐야 하지 않겠습니까?"라고 고객에게 말하고 싶을 때, 일단 멈춰서 생각해본다.

'론칭'은 고객의 머릿속 사전에 들어 있는 말인가?

'리소스'는 고객이 정확한 뜻을 알고 있는가?

상대방이 상사라면 다음과 같이 지적해줄 수도 있다.

"에비던스(evidence, 근거)라는 말은 사용하지 말게."

"컨센서스(consensus)가 아니라, 합의라고 말하게."

하지만 고객은 어떤가? '이 사람 얘기는 도통 못 알아듣겠어!'라고 생각할지 모른다. 자칫 '영어를 써서 우월감을 나타내고 싶은 건가?'라고 오해할 수도 있다.

상대방의 머릿속 사전을 의식하면서 이야기하자. 상대방이 아는 단어를 선택하는 것이 정중한 화법이다.

CHECK

고객과 이야기할 때 아무렇지도 않게
업계 용어를 쓰지 않는다.

27

이야기가 벗어나는 사람의 3가지 공통점

자유롭게 상상하다 보면
이야기가 탈선한다

대화하는 도중에 맥락 없이 다른 이야기를 불쑥 꺼내는 사람들을 '연상 대장'이라고 한다. 자기중심적이고 강압적이라서 '대장'이라는 이름을 붙였다.

"지금부터 부장님에게 제출할 기획서에 대해 설명하겠네."

"알겠습니다. 아, 그러고 보니 부장님 지난번에 골프 이야기를 열심히 하셨어요."

"뭐?"

"부장님은 한밤중에 골프 레슨을 받고 계신다던데요."

"아, 그런가?"

"여담이지만, 제 대학 선배도 밤에 레슨을 받고 있어요. 골프는 아니지만요."

"……."

이야기가 탈선하는 사람은 생각도 쉽게 탈선한다.

'그러고 보니', '여담이지만' 등 샛길로 빠지는 접속사를 넣어 상대가 말한 단어 하나에서 전혀 다른 이야기를 연상하고 끄집어내는 것이다.

'나무'를 연상하면서 이야기하자

연상 대장의 특징으로 다음 3가지를 들 수 있다.

• 머리 회전이 빠르다.
• 호기심이 왕성하다.
• 주의가 산만하다.

재미있는 에피소드를 많이 가지고 있어서 언제 어느 순간이든 떠올리고 자신도 모르게 자꾸 이야기하고 싶어진다. 하지만 크게 걱정할 필요는 없다. 머리 회전이 빨라서 요령만 알면 바로 고칠 수 있다.

'나무'를 연상하면 이해하기 쉽다. 나무는 줄기, 가지, 잎의 세 부분으로 이루어져 있다. 이 중에서 '줄기'에 해당하는 것이 이야기의 논점이다. 지금 어떤 것을 주제로 이야기하고 있는지, 무엇이 이야기의 줄기인지, 가지와 잎은 무엇인지 신경 쓰면서 이어나간다.

때로는 가지나 잎으로 빠질 수도 있지만, 최대한 빨리, 줄기로 되돌아오자. 상대방이 "무슨 얘기야?"라고 지적하거나, 스스로 '방금 무슨 이야기를 했었지?'라는 생각이 든다면, 연상 대장이라는 오명에서 벗어나기 힘들다.

'아, 부장님에게 제출할 기획서 이야기였지'라고 스스로 깨달아야 한다. 대화 도중에 길을 잃지 않도록 이야기의 줄기를 의식하면서 말하는 것이 중요하다.

CHECK
이야기의 논점인 줄기를 항상 의식하면서 말하려고 노력해야
옆길로 빠지는 일이 없다.

28

주어와 서술어가 너무 멀어지지 않도록 한다

너무 자세히 말하려다 보면
쓸데없이 늘어진다

"작년에 방문했을 때는 전혀 흥미를 보이지 않던 건설회사가 올해 이벤트에 참가했을 때 명함을 교환했는데, 그때는 흥미를 조금 보였던 그 회사의 과장님과 오늘 온라인으로 미팅을 하기로 해서, 이야기해보니 견적서를 한번 보내달라고 했습니다."

"뭐, 뭐라고?"

"그러니까 지난번 방문했을 때 전혀 흥미를 보이지 않았던 건설회사가 있는데……."

정중하게 이야기하고 싶다면 대충이 아닌 상세히 말해야 한다. 그러나 너무 상세하게 설명하려다 보면 아무래도 이야기가 장황해진다. 게다가 서비스 정신이 투철한 사람일수록 이런저런 이야기를 많이 덧붙이는 경향이 있다.

한 문장을 짧게
말하는 비결은?

조금은 이야기가 길어져도 괜찮다. 일방적으로 5분, 10분 말하더라도 알기 쉽게 말하면 듣는 사람도 길게 느끼지 않는다.

포인트는 단 하나, 주어와 서술어의 사이를 좁히는 것이다. 그렇게 하면 하나의 문장이 짧아진다.

- 이야기는 길어도 된다.
- 한 문장은 짧은 편이 좋다.

이 2가지를 염두에 두고 정중히 이야기해보자. 예를 들면 다음과 같다.

"어느 건설회사가 있는데요. 그 회사는 작년에 방문했을 때는 우리 회사에 흥미를 보이지 않았거든요. 그런데 올해 이벤트에서 명함을 교환했을 때는 흥미를 조금 보이는 것 같았어요. 그래서 그쪽 과장님과 오늘 온라인으로 미팅을 했습니다. 그 자리에서 우리 회사 상품을 제안했더니 견적서를 한번 보내달라고 합니다."

당황해서 이야기하려고 하면 아무래도 문장이 장황해지지 않는가? 그러므로 차근차근 순서를 정해서 이야기하자. '대충 말하지 않아야지', '잘 말해야지' 하고 신경 쓰다 보면 자연스럽게 이해하기 쉬운 화법으로 말하게 된다.

CHECK

주어와 서술어를 가까이 붙여서 말하면 문장이 간결해져서
상대가 이해하기 쉽다.

결론부터 말해야 방향을 잃지 않는다

결론을 뒤로 미루면
옆길로 새기 쉽다

"……결국 저쪽 기술부장이 말하기로는 우리 상품의 가격에 문제가 있다고 합니다. 그래서 저는 '외람된 말씀이지만 부장님!' 하며 반박하고 말았습니다."

"그래 그래."

"저는 가끔 그렇게 말을 받아치는 습관이 있어서……. 전에도 그랬거든요. 지난달이었나요? 물류회사에서, 아 그 회사 이름이 뭐였더라?"

"그걸 내가 어떻게 알아?"

"아, 죄송합니다. 거기서도 품질에 대해 지적받아서 저도 모르게 반박하고 말았습니다. 그런 습관은 고쳐야 할 것 같아요."

"그래?"

이야기가 장황해지면 자기도 모르게 방향을 잃고 만다. "그래서 결국 어떻게 할 건데? 도중에 옆길로 새버리니 무슨 말을 하려는 건지 도대체 알 수가 있나"라는 핀잔을 듣고 만다.

상대방을 끌어당기려면 이야기 형식으로 말하는 것이 좋다.

그러나 그런 서비스 정신이 필요 없는 경우에는 결론부터 이야기하자.

"결론부터 말씀드리면, 일단 거래를 중단하고 싶다는 거였습니다. 이유는 우리 회사의 가격에 문제가 있다고 기술부장이 지적했기 때문이죠. 그 배경에는……"

이런 식으로 말하면 이야기가 옆길로 샐 일은 없다.

시간순으로 이야기하면 지루하게 늘어진다

상대방에게 진척 상황을 보고할 때는 시간순으로 말하지 않아야 한다. 시간순으로 말하면 결론을 분명히 말하지 않아도 왠지 할 말을 다 한 것 같은 느낌이 들기 때문이다.

예를 들어 다음과 같은 보고를 하면 상사에게 야단맞을 가능성이 높다.

"현황을 보고드리겠습니다. 작년부터 원자재 가격이 급등하고 있어서 현장에서의 가격 교섭은 지극히 곤란한 상황이고, 3월부터 시작된 거래처에 대한 가격 인상도 난항을 겪고 있습니다. 이 상황을 어떻게든 타개하고자 지난달부터 대책 회의를 시작했고, 여러 가지로 검토하고 있는 중으로……."

"그래서, 어떻게 할 건데?"

"네?"

"지난달에도 같은 이야기를 했잖은가? 그러니까 결론이 뭐야? 결론부터 말해봐."

마지막에 결론을 말하려고 했는데, 상사가 중간에 말을 끊어버렸다. 결론에 이르기까지 시간이 너무 오래 걸리기 때문이다.

그럴 때는 다음과 같이 결론 먼저 이야기해보자. 그렇게 하면 상대방은 수긍하면서 들어줄 것이다.

"현황을 보고드리겠습니다. 결론부터 말씀드리면, 중요한 거래처와 가격을 올리는 교섭을 할 때는 본부장님과 동행하겠습니다. 구체적인 거래처는 자료에서 보시는 14곳입니다. 그러면 이 결론에 이른 배경에 대해 설명드리겠습니다."

말을 하다가 옆길로 잘 새는 사람은 결론을 먼저 이야기하자. 시간순으로 이야기해서는 상대방의 이목을 끌기 어렵기 때문이다.

CHECK

상대방에게 진척 상황을 보고할 때는 결론부터 말해야
이야기가 늘어져서 답답할 일이 없다.

30

감성적인 단어는 맨 마지막에 배치하라

사실적 주장을 먼저,
감성적 표현은 나중에 한다

논리적으로 말할 때는 결론 먼저, 감정적으로 말할 때는 결론을 마지막에 말한다. 이를 마구 섞으면 듣는 사람의 머릿속이 혼란스럽다.

다음의 예문을 읽어보자.

"올해 입사한 A씨는 일을 척척 잘하더라구요. 지난번에도 영업사원 T씨가 예상 고객 명단을 만들 때 자진해서 도와주었어요. 영업 어시스턴트에 적격인 것 같아요. T씨가 너무 고마워하더군요. 무엇보다 눈치가 빠르고, 손재주도 좋고 배려심이 있다고 말했습니다."

알 것도 같고 모를 것도 같은 이상한 내용이다. 무슨 말을 하고 싶은 것일까?

- A씨가 일을 척척 잘한다는 것인가?
- T씨가 A씨를 칭찬했다는 것인가?
- A씨가 배려심이 있다는 말인가?
- A씨가 영업 어시스턴트에 적합하다는 말인가?

이야기의 앞뒤가 정리되어 있지 않아서 어느 것이 핵심인지 알 듯 말 듯하다. 상대방의 주장이 막연하기 때문이다.

따라서 이야기의 핵심이 되는 결론을 앞세운 다음에 세세한 내용이나 사례는 뒤에 덧붙인다.

"올해 입사한 A씨는 영업 어시스턴트에 적격이라고 생각합니다. 일을 척척 잘하고, 무엇보다 눈치가 빠릅니다. 예를 들면 지난번에도 영업사원 T씨가 예상 고객 명단을 만들 때 자진해서 도와주었어요. T씨가 매우 고마워하더군요. 손재주도 좋고, 배려심도 있다고 했습니다."

한편 감정적으로 말하고 싶을 때는 어떻게 하면 좋을까? 결론을 마지막에 말한다.

"영업사원 T씨가 올해 입사한 A씨를 칭찬했어요. 남을 좀처럼 칭찬하지 않는 T씨가 말이에요. 예상 고객 명단을 만들면서 곤란해하던 T씨를 보고 A씨가 자진해서 도와주었다고 합니다. T씨가 칭찬을 많이 하더라고요. 손재주도 좋고, 배려심도 있다고요. 그래서 A씨가 영업 어시스턴트에 적격이라고 생각합니다."

결론을 맨 마지막에 말할 때는 말투에도 감정을 싣는 편이 좋다. 너무 담담하고 사무적으로 말하면 매우 지루하다.

이처럼 결론을 먼저 말할지, 아니면 나중에 말할지 한쪽을 정하고 섞지 않도록 주의한다. 그렇게 해야 상대가 이해하기 쉽게 전달된다.

> **CHECK**
> 결론 먼저 말할지, 결론을 마지막에 말할지 전략적으로
> 선택해서 그에 맞게 이야기한다.

31

탈선하지 않는 대화의 선로
① 거침없는 SDS법

146

결론 먼저 말하고
마지막에 한 번 더 반복한다

이야기가 탈선하기 쉬운 사람은 누군가 깔아놓은 선로 위를 달리도록 하자. 그렇게 하면 정중하게 말하는 것이 어렵지 않다.

이야기를 '전철'에 비유해보자. 탈선하면 위험하기 때문에 미리 선로를 깔아놓는다. 여기에서 선로 역할을 하는 3가지 방식을 소개한다. SDS법, PREP법, DESC법이다.

우선 가장 간단한 SDS법이다.

- Summary(요점)

- Details(상세)

- Summary(요점)

- **Summary** '이렇습니다'

- **Details** '자세히는 이렇습니다'

- **Summary** '그래서 이렇습니다'

단시간에 이해하고 쉽게 전하고 싶을 때 쓸 수 있는 방식이다. 예를 들면 자기소개, 상품 소개에 적합하다.

자기소개에서 SDS법을 쓰면 다음과 같다.

"저는 고객 덕후인 영업사원 김 대리입니다." → S(요점)

"고객에 대해서는 회사의 연혁, 사장님 경력, 상품 개발 스토리, 조직도 등 홈페이지에 실려 있는 것은 전부 기억합니다." → D(상세)

"그래서 고객 덕후인 영업사원 김 대리였습니다. 꼭 기억해주세요!" → S(요점)

결론이나 주장하고 싶은 것을 샌드위치로 끼워 넣으면 상대방의 기억에 잘 남는다.

상품을 제안할 때는 다음과 같이 말하면 된다.

"저희 서비스로 귀사의 통신비용을 20% 삭감할 수 있습니다." → S(요점)

"포인트는 크게 나누어 3가지, 선택 약정 변경, 사용 방법 지도, 통신 상황 관리입니다." → D(상세)

"이 3가지로 귀사의 통신비용을 20% 삭감할 수 있습니다."
→ S(요점)

이와 같은 샌드위치 구조는 화술의 기본이다. 결론 먼저 말하고, 그 결론을 마지막에 한 번 더 반복한다. 이렇게 선로를 깔아주는 방식으로 이야기하면 탈선하지 않는다.

> **CHECK**
> 결론 먼저 말하고 마지막에 결론을 한 번 더 반복하는
> SDS법은 자기소개나 상품 소개를 하기에 좋다.

32

탈선하지 않는 대화의 선로
② 설득력을 더하는 PREP법

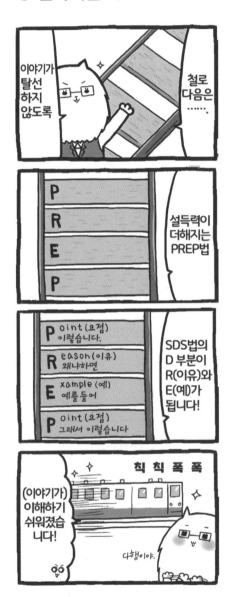

즉흥적인 상황에서도
나올 수 있도록

PREP법은 SDS법의 Detail(상세) 부분이 Reason(이유)와 Example(예)로 나뉘었다고 생각하면 된다. 설득력 있는 화술로 매우 유명한 방식이며, 내가 가장 자주 활용하는 스타일, 즉 선로이기도 하다.

PREP법의 핵심 키워드는 다음과 같다.

- Point(요점)

- Reason(이유)

- Example(예)

- Point(요점)

- Point(요점) '이렇습니다'

- Reason(이유) '왜냐하면 이러하니까'

- Example(예) '예를 들어 이런 일도 있었습니다'

- Point(요점) '그래서 이렇습니다'

PREP법은 사례를 섞어서 말하고 싶을 때, 결과 보고나 고민 상담에 유익하다.

"저의 가장 큰 고민은 어떻게 하면 고객이 안고 있는 문제를 해결해줄 수 있을지입니다." → P(요점)

"이유는 2가지입니다. 고객들이 저마다 어떤 문제를 갖고 있는지 찾아내기 어렵고, 발견한다 해도 각각에 대해 해결할 방법이 떠오르지 않기 때문입니다." → R(이유)

"예를 들면 지난번에도 J사에 제안할 때, 어떤 문제가 있는지 과장님이 물어보셨지만 아이디어가 잘 떠오르지 않았거든요." → E(예)

"이처럼 어떻게 하면 고객의 문제를 해결할 수 있을지가 가장 큰 고민입니다." → P(요점)

SDS법이 습관화되면 거침없이 자신이나 상품을 소개할 수 있다. 그러나 PREP법으로 말하는 것이 아직 익숙하지 않을 때는 사전 준비를 좀 더 하는 편이 좋다. 즉석에서 바로 말하기 위해서는 평소에 머릿속을 정리해서 몇 개의 서랍을 준비해둘 필요가 있다.

PREP법은 알기 쉽게 설명할 때 매우 유용한 방식이다. 반드시 평소에 자주 연습을 하면서 내 것으로 만들어 적극적으로 활용하자.

CHECK

사전 준비로 생각을 정리한 후 PREP법으로 말하면
쉽게 설명할 수 있다.

33

탈선하지 않는 대화의 선로
③ 제안할 때 필요한 DESC법

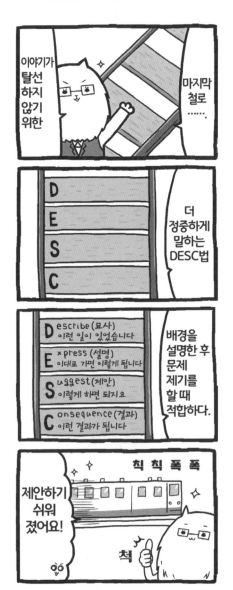

제안할 때 추천하는
DESC법

세 번째는 DESC법이다. SDS법이나 PREP법에 비해 중요하지 않은 방법이다.

- Describe(묘사)
- Express(설명)
- Suggest(제안)
- Consequence(결과)

- Describe(묘사) '이런 일이 있었습니다'
- Express(설명) '이대로 가면 이렇게 됩니다'
- Suggest(제안) '이렇게 하면 어떨까요?'
- Consequence(결과) '이런 결과가 됩니다'

단도직입적인 PREP에 비해 DESC법은 좀 더 정중한 화법이다. 배경을 설명한 후, 문제 제기를 하고 싶을 때나 무언가를

제안할 때 적합하다.

고객에게 제안하는 상황을 예로 들어보자.

"올해 새로 채용한 아르바이트생 7명 중 4명이 그만두었어요. 작년까지도 4명이 그만두었고요. 3년 연속으로 한 명씩 감소하고 있는 상황입니다." → D(묘사)

"이대로 가면 아르바이트생이 점점 줄어서 정규직의 부담이 늘어납니다." → E(설명)

"그러므로 아르바이트 채용 방법을 바꿔보시지 않겠습니까? 저희 회사의 서비스를 이용하시면 오랫동안 꾸준히 일하는 아르바이트생을 채용할 수 있습니다." → S(제안)

"매년 한두 명씩 아르바이트생이 늘면 정사원의 부담도 줄어들고, 고질적으로 아르바이트생이 그만두는 위험도 줄일 수 있을 것입니다." → C(결과)

누군가에게 제안을 할 때 매우 이해하기 쉬운 스타일, 즉 선로다. 이 선로 위를 달리고 있으면 탈선할 리가 없다.

PREP법은 결론을 먼저 말하기 때문에 상대방과의 관계가 돈독할 때 유용하다. 처음부터 "아르바이트생을 채용할 때, 저희 회사의 서비스를 이용하시기를 제안합니다. 이유는 2가지입니다"라고 하면 너무 당돌하게 들린다.

하지만 그렇게까지 가까운 사이가 아니라면 멀리서부터 접근해야 상대방이 '뭐? 갑자기 왜?'라며 놀라지 않을 것이다.

소개할 때는 SDS법, 설명할 때는 PREP법, 제안할 때는 DESC법이라고 머릿속에 저장해두고 목적에 따라 선로를 선택하자. 일단 선택해서 그 선로 위를 달리기만 하면 무의식중에 탈선하는 일은 없을 것이다.

CHECK
대화의 목적에 따라 선로를 이탈하지 않는 3가지 화법을
나누어 사용하면 대화가 어긋날 일이 없다.

'뭘 좀 아는
사람'이라는
평가를 듣는
질문력

34

'이해를 못 한다'는 인상을 주면 안 된다

과녁에서 벗어난 질문을 하면
신뢰를 잃는다

상대가 내 이야기를 들으면서 '뭘 좀 아는군!'이라고 생각하는 것은 신뢰의 바로미터다.

"자네 뭘 좀 아는군!"이라는 말을 가끔 듣는다면 신뢰받는다는 뜻이고, "이해를 못 하는군!"이라는 말을 듣는다면 별로 신뢰받지 못한다는 증거다.

시스템 엔지니어를 모집하고 있는 기업의 인사팀에 젊은 영업사원이 방문했다고 하자.

"시스템 엔지니어를 모집하신다고 들었습니다. 아무래도 컴퓨터를 잘 아는 사람이어야겠지요?"

"컴퓨터를 잘 아는 사람은 필요 없어요."

"네? 그래도 시스템 엔지니어라면 컴퓨터를 잘 알아야 하지 않나요?"

"시스템 엔지니어는 고객의 필요에 맞게 시스템을 설계하는 사람이에요."

영업사원이 다른 고객한테도 여러 번 "이해를 못 하는군!"이 라는 핀잔을 들었다면 문제가 있는 것이다. 이런 사람은 입사 한 지 3년이 지나도 좀처럼 실적이 오르지 않는다.

허를 찌르는 질문으로
좋은 평가를 받는다

그러한 말을 듣지 않고 신뢰를 얻어서 실적을 쌓으려면 질문하는 요령을 익혀야 한다.

"과연 뭘 좀 아시는군요."
"젊은 사람이 대견하네."

사내에서든 고객에게든 이런 소리를 들어야 한다. '저 세대 중에서 제일 잘 이해하고 있는 영업사원은 저 친구야!'라는 소문이 퍼져나가면 회사 안팎으로 신뢰를 얻게 된다.

그렇다면 어떤 질문을 하면 '핀트가 어긋났다', '이해를 못 한다'라는 생각이 들까?

이제부터 피해야 할 5가지 질문을 살펴보자.

CHECK
상대에게 어떤 질문을 하는가에 따라 평가가 달라진다.

35

꼭 피해야 할 5가지 어긋난 질문

질문력은 결국 정보력이다

"요즘처럼 채용이 어려운 시대에 사람 뽑기 힘드시죠?"

"아니요, 그렇게 어렵지는 않은데요."

"건설업계는 젊은 사람들이 꺼려하지 않나요?"

"뭘 잘 모르시는군요. 건설업계라서 인기가 없다고 누가 그러던가요?"

사회생활을 하는 사람에게 질문력은 매우 중요한 능력이다. 질문력이 없으면 안 좋은 인상을 주기 때문이다.

고객이나 상사로부터 돈독한 신뢰를 얻기 위해서는 상대방에게 '뭘 좀 아는군!' '잘 알고 있네!'라는 인상을 주는 것이 중요하다. 그러려면 좋은 질문을 해야 한다.

피해야 할 5가지 어긋난 질문

① 궁금한 점을 생각나는 대로 질문한다

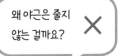
왜 야근은 줄지 않는 걸까요? ✕

왜 경기가 좋아지지 않는 걸까요? ✕

→ 일단 자문자답을 한 후에 질문을 바꾸자

---

② 질문할 상대를 잘못 선택한다

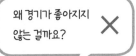
다음 제품의 납기가 언제죠? ✕

제조부에 물어봐.

→ 누구에게 물어보는 것이 가장 좋을지 생각하는 습관을 들이자

---

③ 스스로 생각해보면 알 만한 것을 질문한다

손님에게 가게 조명이 어둡다는 말을 들었습니다. 어떻게 할까요? ✕

자네는 어떻게 생각하나? 자네 의견을 말해보게.

→ 자문자답하는 습관을 들이자

④ 조사해보면 알 수 있는 것을 질문한다

> 귀사에서 지금 가장 주력하고 있는 상품은 무엇인가요? ✕

→ 사전 준비를 제대로 하자

---

⑤ 추상적인 질문을 한다

> 네, 뭐 어려운 점은 없습니까? ✕

> 여러 가지 있지만…….

→ 구체적인 표현을 사용하자

① 궁금한 점을 생각나는 대로 질문한다

"과장님, 왜 매출이 오르지 않을까요?"

"갑자기 왜?"

"그냥, 왜 그런지 궁금해서요."

"밑도 끝도 없이 무슨 말을 하는 건가?"

이처럼 문득 떠오르는 대로 물어보는 사람이 있다.

'왜 하늘은 파랄까요?' '왜 비행기는 떨어지지 않는 것일까?' 라고 질문하는 것 같으니 상대방은 당황할 수밖에 없다.

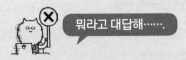

뭐라고 대답해…….

"왜 야근이 줄지 않는 걸까요?"
"왜 경기가 좋아지지 않는 걸까요?"
"또 부장님이 화내셨나요? 대체 뭐가 불만이실까요?"

이와 같은 질문을 받으면 "글쎄, 왜냐고 물어봐도……", "그런 거 묻지 마. 나도 몰라!"라고 대답할 수밖에 없다.

질문은 자신이 만드는 것이다. 특히 사회생활을 할 때는 적절한 질문을 하는 습관을 들이자.

머릿속에 떠오른 질문을 그대로 내뱉어서는 안 된다.

어린아이가 "왜? 왜?" 하고 질문하는 것처럼 궁금하다고 바로 질문을 내뱉으면 상대방은 당황해서 대답을 피한다. 그렇다면 어떻게 하는 것이 좋을까?

일단 자문자답한 후에 질문을 바꿔보자.

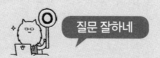

"왜 매출이 오르지 않을까요? 원래 신상품이 나오면 일시적으로 매출이 오르게 마련인데, 이번에는 그럴 조짐이 보이지 않는데요?"

이렇게 질문하면 상대방도 그다지 당황하지 않을 것이다. "아, 그건 이유가 확실하지"라는 식으로 수월하게 대답할 수 있다.

② 질문할 상대를 잘못 선택한다

물어봐야 할 사람에게 질문하지 않고 엉뚱한 사람에게 질문한 경우이다.

"편의점에서 서류를 복사하려고 하는데 어떻게 하면 될까요?"

"그걸 왜 나한테 묻나? 거기서 직원에게 물어보면 되지."

질문하는 상대를 잘못 고르면 "그걸 왜 나한테 물어?"라는 말을 듣는다.

"과장님, 기획 회의를 준비하라고 부장님이 지시하셨는데 어떻게 하면 될까요?"
"부장님에게 물어봐."

"다음 제품의 납기가 언제죠?"
"제조부에 물어봐. 그걸 왜 나한테 묻나?"

엉뚱한 상대에게 질문을 던졌다면, 그냥 질문 상대를 바꾸면 그만이다. 궁금한 점을 생각나는 대로 질문하는 것처럼 대답하기 곤란한 질문은 아니다.

그러므로 "나한테 물어보지 마!"라는 말을 듣는 것은 개선의 여지가 있다. 그러나 최악의 상황은 엉뚱한 사람에게 물어보았다가 틀린 정보를 받는 경우이다.

"다음 제품의 납기가 언제죠?"

"확실하지 않지만, 다음 주 금요일인가?"

"감사합니다. 다음 주 금요일이군요."

이렇게 되면 문제가 커진다. 묻기 편한 상대에게 질문하는 것이 아니라, 늘 누구에게 물어봐야 정확한 대답을 들을 수 있는지를 생각하는 습관을 들이자.

③ 스스로 생각해보면 알 만한 것을 질문한다

"손님에게 가게 조명이 어둡다는 말을 들었습니다. 어떻게 할까요?"

"자네는 어떻게 생각하나? 자네 의견을 말해보게."

"음……, 저는……."

"틀려도 괜찮으니 우선 스스로 생각해보고 질문해주게. 그 편이 자네도 좋지 않나? 그래야 자네도 성장할 게 아닌가?"

"생각해보니 지당하신 말씀이네요."

이처럼 스스로 생각해보면 답을 알 수 있는 질문을 하는 경우이다.

"그렇게 말씀하시니 그러네요."
"생각해보니 그렇습니다."

이런 말을 자주 하는 사람은 조심하자. 생각하는 습관이 부족한지도 모른다.
질문하기 전에 스스로 생각해보면 답이 나오는지 자문자답하는 습관을 들이자.

④ 조사해보면 알 수 있는 것을 질문한다

스스로 생각해보면 알 수 있는 질문과 비슷하지만 이쪽이 더 해결하기 쉽다.

"다음 주에 고객사를 방문하는데 어떤 준비를 하면 좋을까요?"
"어떻게 준비해야 할지는 조금 생각해보면 알 것 아닌가?"

이것은 스스로 생각해보면 알 수 있는 질문이다. 그와는 별

도로 조사해보면 알 수 있는 질문은 이렇다.

"다음 주에 방문할 고객사의 종업원 수는 몇 명이나 될까요?"
"그 정도는 스스로 알아보게. 조금만 찾아보면 알 것 아닌가?"

아무리 생각해도 모르는 일들도 많다. 경험이 부족하거나 지식이 부족하면 잘 생각나지 않는다.

그러나 조사하면 알 수 있는 것은 스스로 조사해보자. 고객에 대해서도 마찬가지다. "귀사에서 안고 있는 과제는 무엇입니까?"라고 질문하는 것은 괜찮지만, "귀사에서 지금 가장 주력하고 있는 상품은 무엇인가요?"라고 질문하는 것은 곤란하다.

"홈페이지도 확인하지 않고 저희 회사에 찾아오셨습니까? 홈페이지나 저희 회사 팸플릿을 보면 그 정도는 쉽게 알 수 있을 텐데요"라는 지적을 받을지도 모른다.

이런 경우는 사전 준비를 철저히 하는 습관을 들이면 바꿀 수 있다.

⑤ 추상적인 질문을 한다

"요즘 어떠세요?"

"네, 요즘이요?"

"네, 뭐 어려운 점은 없습니까?"

"어려운 점요……? 여러 가지 있지만…….

"어떤 점이 있죠?"

"글쎄요……. 무엇에 대해 말해야 할지…….

너무 추상적인 질문은 애매해서 초점이 흐려진다. 결국 상대방은 '무슨 대답을 하라는 거야?'라고 생각할 것이다. 그래서 "뭐……, 그럭저럭요"라고 얼버무린다. 그러므로 구체적으로 질문하자.

"지난달 17일에 열린 전시회에 신상품을 출품하셨던데 어떠셨어요?"

이렇게 물어보면 이야기의 초점이 제대로 맞는다. 애매하지 않으니 충분히 대답할 수 있다.

"아, 지난달 전시회요? 사람들이 꽤 모였지만, 저희가 원했던 고객은 별로 없었어요."

대화를 할 때 5가지 어긋난 질문을 하지 않는지 생각해보자. 사전에 신중하게 생각하는 습관을 들이면 어긋난 질문을 하지 않고, 핵심을 물어볼 수 있다. 그러면 상대방도 대답하기 수월해서 대화가 원활하게 이루어진다.

CHECK

5가지 어긋난 질문을 하지 않으면 질문력이 상승해
생산적인 대화를 이어나갈 수 있다.

36

고객을 만나기 전에 알고 가야 할 것

정보 수집이 신뢰로 이어진다

"잘 알고 있군. 전무님이 승인하면 부장님은 아무 말도 못 할 테니까."

이처럼 상대방이 '잘 알고 있군', '뭘 좀 아는군'이라고 말하면 절대적인 신뢰를 얻고 있다고 할 수 있다. 상대가 인정해주면 곤란한 일이 있을 때 적극적으로 가르쳐줄 것이다.

그를 위해서는 우선 회사나 부서, 상품 지식이나 정보를 잘 파악해두자. 강력하게 추천하는 정보는 다음의 2가지다.

① 기본 지식 → 거의 변하지 않는 것
② 최신 정보 → 시시각각 변하는 것

2가지 정보를 잘 파악해두면 고객과도 이런 대화가 가능하다.

"새롭게 상품을 개발하셨다면서요? 반응은 어때요?"

"잘 알고 계시는군요. 반응이 꽤 좋아요."

CHECK
고객을 방문할 때는
① 기본 지식 ② 최신 정보를 모두 파악해두자.

37

좋은 질문을 할 수 있는 정보력

조사할 수 있는 모든 정보를 수집한다

우선 기본 지식을 잘 파악해두면 상대에게 인정받을 수 있다. 당신은 자신이 일하고 있는 회사에 대해 얼마나 알고 있는가? 영업사원이라면 거래처 고객에 대해 얼마나 알고 있는가?

다음 사항은 미리 파악해두는 것이 좋다.

조사해보면 알 수 있는 정보를 수집한다

① 방문 전에 조사해두자

회사에 대한 기본 지식 ┐
상품에 대한 기본 지식 ┘ ── 조사하면 알 수 있는 것

↳ ② 조사해도 모르는 것은 질문한다

> 회사에 대한 기본 지식(자사, 고객사)
>
> - 연혁 및 역사
> - 이념과 비전
> - 대표의 신념, 가치관
> - 임원이나 주 관리자의 이름
> - 조직도

　다음으로 상품에 대한 것이다. 자사에서 취급하는 상품은 물론 고객이 판매하고 있는 상품에 대해서도 기본적인 것은 파악해두자.

> 상품에 대한 기본 지식(자사, 고객사)
>
> - 상품 목록
> - 주력 상품명
> - 상품 개발 스토리
> - 상품의 특징과 기능
> - 고객의 어떤 과제를 해결할 수 있는가 등

세 번째는 선배나 상사, 고객에 대해서도 기본적인 정보를 파악해두자. 그렇게 하면 상대방의 마음을 얻을 수 있다.

개인에 대한 기본 지식

- **명함 정보**(이름, 직함, 소속 부서 등)
- **업무 내용**
- **특기, 자격, 가족 구성, 취미 등**

기본적인 지식은 다음의 2가지로 나뉜다.

① 조사하면 알 수 있는 것
② 질문하면 알 수 있는 것

웹사이트나 SNS 정보, 회사 안내나 팸플릿 등을 통해 정보를 수집할 수 있다. 여기까지 파악하는 사람은 드물기 때문에 제대로만 하면 틀림없이 잘 알고 있다는 평가를 받는다.

조사해도 알 수 없는 정보는 질문을 해서 얻는다.

"혹시 가능하시면 귀사의 주력 상품인 A의 개발 스토리 좀 들려주실 수 있으세요? 홈페이지를 샅샅이 살펴봐도 어디에도 나와 있지 않아서요."

위와 같이 질문하면 "아, 그건 기술부의 T씨가 잘 알고 있으니 T씨를 소개해주겠네"라고 적임자를 연결해줄 것이다.

그렇게 필요한 기본 정보를 수집하면 상대에게 인정받으면서 점차 신뢰가 쌓인다.

CHECK

조사하면 알 수 있는 정보를 수집한 후에
그래도 모르는 것이 있다면 직접 물어보자.

38

인간관계도 정보화 시대다

누구나 알 수 있는 정보는
나도 알아야 한다

"과장님 다음 달에 전시회가 있습니까?"

"왜, 자네는 몰랐나?"

"고객한테 듣고 이제야 알았습니다."

"아니, 자기 회사 일 정도는 제대로 알고 있어야지!"

  사람들은 자기 회사에 대해 의외로 잘 모른다. 회사, 상품, 개인에 대한 기본 지식을 파악해두고, 최신 정보를 수시로 수집하자. 주의를 기울이고 안테나를 펼쳐놓기만 하면 된다.

  자사에 대한 정보 역시 2가지로 나뉜다.

① 조사하면 알 수 있는 것

② 질문하면 알 수 있는 것

회사 웹사이트나 SNS, 사내 게시판 등에서 수시로 확인하자. 회사의 공식 웹사이트에 업데이트된 정보를 파악하고, SNS를 통해 정보를 발신하고 있다면 그 제목 정도는 알아둔다.

놓치기 쉬운 기사까지
섭렵하는 정보력

이벤트나 신제품, 캠페인, 광고 등에 관한 정보는 정기적으로 확인한다. 매스컴 정보는 자칫 놓치기 쉬운데 가능하면 신문 기사도 확인해두자.

고객이 "귀사에 대한 기사가 신문에 실렸던데요?"라고 말하는데, "아, 그래요?"라고 반응하면 '자기 회사 일도 모르는데 우리 회사 일에는 더더욱 관심이 없겠지?'라고 생각할지도 모른다.

회사 사람이나 고객의
사소한 소식도 유용하다

상사나 선배, 고객 개개인에 관해서도 적절히 정보를 수집한다. 상사의 딸이 감기에 걸렸다는 말을 들으면 "따님은 괜찮으세요? 이 일은 제가 할 테니 얼른 집에 들어가 보세요"라고 말해본다.

또 고객의 근무 부서가 바뀌었다면 사전 정보를 모아 다음과 같은 질문을 할 수 있다.

"이번에 가게 될 부서는 아마 K지사장님 직속 아닌가요?
힘든 일이 좀 많지 않을까요?"
"어떻게 아셨어요?"
"우리 부장님이 말씀하시더라고요. K지사장님은 업무에
엄격하시다고."
"맞아요. 그래도 최선을 다해봐야죠."
"제가 도와드릴 일이 있으면 언제든지 말씀하세요."

기본적인 지식을 터득한 후에 최신 정보도 제대로 파악해두
면 상대가 감탄하면서 신뢰가 단번에 올라간다.

CHECK
자사에 대한 기본 지식부터 최신 정보까지 알아두면
커뮤니케이션이 원활해진다.

39

상대의 생각을 움직이는 질문

질문력을 높이는 질문의
3대 기능

대화를 어긋나게 하는 질문을 하지 않기 위해서는 질문의 3대 기능을 알아두어야 한다. 이것을 염두에 두고 질문하면 자연스럽게 질문력이 향상되어 상대방에게 인정받을 수 있다.

질문의 3대 기능은 다음 3가지다.

① 모르는 것을 알게 된다.

② 상대방이 생각하게 만든다.

③ 상대방의 머릿속을 정리해준다.

특히 세 번째인 '상대방의 머릿속을 정리해준다'는 기능을 기억해두자.

내가 새내기 컨설턴트였을 무렵 거래처 영업부장과 미팅을 할 때의 일이다. 그때 나눈 대화를 예로 들어보겠다.

"이 프로젝트의 리더는 누구입니까?"

"부장인 내가 리더지."

"늘 부장님이 프로젝트 리더이신가요?"

"그렇지."

"왜 그렇죠?"

"왜냐고? 그야 내가 부장이니까."

"귀사는 부장이 프로젝트 리더를 한다고 정해져 있나요?"

"아니, 꼭 그렇지는 않지만……."

"다른 회사는 부장 정도 지위는 그냥 관찰자가 되는 경우가 많아서 궁금했습니다."

"그럼, 누가 프로젝트를 리드하지?"

"대부분 계장님이나 젊은 사원들이 합니다. 경험을 쌓게 하려고……."

"그렇군!"

프로젝트가 원활하게 진행되지 않아서 나는 이런 질문을 부장에게 던져보았다. 그러자 그 부장이 말했다.

"그래 맞아. 나만 프로젝트 리더를 하고 있으니 팀원들이 성장하지를 않는 거야. 자네와 이야기를 나누다 보면 늘 생각이 잘 정리돼. 정말 고맙네!"

이처럼 질문을 통해 상대방이 생각할 계기를 마련해줄 수 있다. 생각이 정리되면 상대방은 틀림없이 고마워할 것이다. 질문에는 그런 힘이 있다. 그러므로 반드시 질문의 3가지 기능을 염두에 두고 질문력을 기르자.

그럼 이제, '① 모르는 것을 알게 된다, ② 상대방이 생각하게 만든다, ③ 상대방의 머릿속을 정리해준다' 3가지 질문의 기능에 대해 하나씩 살펴보자.

질문의 3대 기능이란?

① 모르는 것을 알게 된다

 어느 정도 추측이 가능한 경우

"이 품의서는 우선 부장님에게 가져가는 편이 좋을까요?"

 추측이 안 되는 경우

"이 품의서는 우선 누구에게 가져가야 할까요?"

② 상대방이 생각하게 만든다

관계가 돈독한 경우에는 5W2H를 효과적으로 활용해서 물어본다.

언제?(When)	언제까지 하는 것이 좋을까요?
누가?(Who)	이것은 누가 좋아할 서비스일까요?
무엇?(What)	이 상품의 특징은 무엇입니까?
어디?(Where)	어디에 두면 좋을까요?
왜?(Why)	그 사업은 왜 성공한 걸까요?
어떻게?(How)	어떻게 제안하면 좋겠습니까?
얼마나?(How much)	그것을 함으로써 얼마나 늘까요?

③ 상대방의 머릿속을 정리해준다

• 필요한 것과 필요 없는 것을 나눈다
• 순서대로 열거한다

2가지 요령을 의식하면서 질문을 반복한다

① 모르는 것을 알게 된다

질문은 모르는 것을 알기 위해 사용하는 대화의 수단이며, 질문의 본래 뜻이 모르는 것을 물어보는 것이다.

기본적인 지식을 파악하고 추측한 후에 폐쇄형 질문('예, 아니오'로 대답할 수 있는 질문)을 할지, 추측이 안 되므로 개방형 질문(자유롭게 대답할 수 있는 질문)을 할지를 판단하자.

어느 정도 추측이 가능한 경우

"이 품의서는 우선 부장님에게 가져가는 편이 좋을까요?"

추측이 안 되는 경우

"이 품의서는 우선 누구에게 가져가야 할까요?"

이 2가지 유형만 파악해두면 '모르는 것을 알기 위해' 주저하지 않고 질문하게 된다.

② 상대방이 생각하게 만든다

다음은 상대방이 생각하게 만드는 질문이다. 상대방이 조금 생각해주기를 바랄 때 질문하는 경우가 많다. 이때도 5W2H를 효과적으로 사용해보자.

언제?(When)
그것은 언제까지 하는 것이 좋을까요?

누가?(Who)
이것은 누가 좋아할 서비스일까요?

무엇?(What)
이 상품의 특징은 무엇입니까?

어디?(Where)
어디에 두면 좋을까요?

왜?(Why)
그 사업은 왜 성공한 걸까요?

어떻게?(How)
어떻게 제안하면 좋겠습니까?

얼마나?(How much)
그것을 함으로써 얼마나 늘까요?

단, 주의해야 할 것이 있다. 이런 질문을 하려면 우선 상대방과 좋은 관계여야 한다. 서로 관계가 돈독하지 않으면 상대방은 '왜 이런 질문을 하는 거야?'라고 의아해할 것이다. 다음의 예문을 읽어보자.

관계가 돈독하지 않은 경우

"과장님, 이 회의는 무슨 의미가 있는 것일까요?"

"무슨 의미라니, 그런 건 스스로 생각해봐."

관계가 돈독한 경우

"과장님 이 회의는 무슨 의미가 있는 것일까요?"

"무슨 의미라니……. 그렇게 물어보면 어떻게 대답해야 할지……."

"일주일에 한 번 2시간 동안 하는 회의를 연간 50번 해서 어떤 효과가 있을까요?"

"좋은 질문이네. 원래 회의 목적을 다시 생각해볼 필요가 있겠어."

관계가 돈독하면 상대방도 그 질문을 진지하게 받아들인다. 그리고 질문한 내용에 대해 다시 생각해볼 마음이 생긴다. 그러다 보면 상대방은 새로운 발견을 하게 되어 매우 고마워한다.

"자네의 질문 덕에 회의의 목적을 재검토하기로 했네. 좋은 질문 고마워!"

③ 상대방의 머릿속을 정리해준다

크게 의도하지 않고 질문했는데 상대가 "자네 덕에 머릿속이 정리되었어"라고 말한 적은 없는가? 별 뜻 없이 한 질문인데 상대방이 스스로 생각하고 정리하는 데 도움이 되는 경우가 있다.

상대방이 생각을 정리하려면 우선 여러 가지 질문을 하자.

"이 프로젝트의 목표는 무엇입니까?"
"신상품을 개발하기 위함이지."

"프로젝트는 어떻게 끝나는 것입니까?"
"사장님에게 최종적으로 프레젠테이션을 해서 승인이 떨어지면 그때 끝나는 것이지."

"언제까지 개발할 겁니까?"
"언제까지……? 음……, 올해 안에는 끝내야겠지."

"앞으로 넉 달 뒤로군요?"
"뭐? 앞으로 넉 달? 그래 벌써 9월이니 넉 달도 안 남았네."

"사장님께 프레젠테이션은 언제 할 겁니까?"
"그러고 보니 12월에는 사장님이 바쁘실 거야."

"그럼 11월 중에 프레젠테이션해야 합니까?"
"큰일이네. 시간 여유가 전혀 없군."

"11월에 사장님 앞에서 프레젠테이션할 때 무엇을 해야 할지
확인해볼까요?"
"그래, 그렇게 하세!"

여러 가지 질문을 하는 데는 다음의 2가지 요령이 필요하다.

- 필요한 것과 필요 없는 것을 나눈다.

- 순서대로 열거한다.

상대방이 사장이든 지점장이든 상관없다. 아무리 높은 사람도 자신이 하는 일에 대해 의외로 잘 모른다. 객관적인 입장에서 질문하는 것만으로도 상대방의 생각이 정리된다.

2가지 요령을 의식하면서 질문을 반복해보자. 의외로 지위가 높은 사람일수록 순순히 응해주어서 "늘 자네 덕분에 머릿속이 잘 정리되네!"라며 큰 신뢰를 얻을 수 있다.

CHECK
질문의 3대 기능을 파악하면 질문력이 높아져서
신뢰를 얻을 수 있는 대화를 이어가게 된다.

Part
06

중요한 사람에게
신뢰를 얻는
한 수 위의 화법

40

계속 이야기하고 싶은 모드의 스위치를 켜라

스위치를 누르는
타이밍은?

중심인물에게 돈독한 신뢰를 얻고 싶다면 상대방이 나하고 더 얘기하고 싶다는 생각이 들게 해야 한다.

말하자면 상대방이 더 얘기하고 싶은 모드로 바꾸는 스위치를 누르는 것이다. 그러면 당신의 반응이나 질문에 의해 강둑이 무너진 듯이 끊임없이 이야기할 것이다.

그렇다면 그 스위치를 누르는 타이밍은 언제일까?

상대방이 '좀 알아주게', '하고 싶은 말이 있어'라는 신호를 보내는 타이밍이 있다. 그 타이밍을 놓치지 않으면 상대방은 틀림없이 더 얘기하고 싶은 모드에 들어간다.

'더 물어봐 달라는' 신호

다음은 젊은 영업사원과 선배 간에 오가는 일상적인 대화이다.

"주임님, 아내분이 입원하셨다고 들었어요. 이제 괜찮으신
가요?"

"고마워. 지난주에 퇴원했어."

"정말 다행이네요. 걱정했어요."

"아니……, 이제부터 바빠지겠어."

"네? 아내분이 퇴원하셨는데 왜요?"

"……그야 가족이 하나 더 늘었으니까."

"네? 아! 그런 거였군요. 축하드립니다!"

내가 묻지도 않은 것을 상대방이 은근슬쩍 이야기하기 시작
하면 '좀 알아주게', '하고 싶은 말이 있어'라고 신호를 보내고
있는 것이다.

그러므로 상대방이 더 이야기하고 싶은 모드로 바꾸는 스위
치를 눌러보자. 과장된 표정이나 반응을 보이며 계속 질문해서
이야기하게 만든다.

기뻐 보여 ♪

"첫아이시죠?"
"맞아. 너무 불안하기도 하고……. 아직 멀었는데
우리 부모님도 들뜨셔서……."
"부모님들께도 첫 손주이신가요?"
"그렇지. 실은 자네한테만 하는 말인데……."

이처럼 '우리끼리 얘기인데'라는 말이 나오면 대화의 강둑이
무너졌다는 증거다.

"궁금해요. 얘기해주세요."
"아무한테도 말 안 했는데, 실은 우리 부모님이 지난주 일요
일에……."

상대방의 이야기가 별로 흥미 없더라도 제대로 된 반응을 보
여야 한다. 웬만큼 연기를 하는 것도 괜찮다.

관계가 돈독해지는
반응의 기술

한편 상대방이 '좀 알아주게', '하고 싶은 말이 있어'라고 신호를 보내고 있는데 이쪽에서 눈치채지 못하면 어떻게 될까?

"아니……, 이제부터 바빠지겠어."

"네? 그러세요?"

"……그도 그럴 것이 가족이 하나 더 늘었으니까."

"음, 힘드시겠네요."

"……."

이런 냉랭한 반응을 보이면 상대는 더 이상 말하고 싶은 마음이 들지 않는다. 달리 나쁜 뜻은 없겠지만, '아내가 임신했다', '첫아이가 내년 봄에 태어난다'라는 말을 하고 싶어서 입이 근질근질하는데도 눈치를 못 채는 것이다.

더 말하고 싶은 기대에 부응함으로써 더 돈독한 사이가 될 수 있으니 일상적인 대화에서도 그런 신호를 놓치지 않도록 하자.

그러면 이제 상대방이 더 이야기하고 싶다고 생각하게 만드는 실패하지 않는 패턴을 소개해보겠다.

CHECK

상대가 더 이야기하고 싶다는 신호를 보낼 때를 알아채고
그에 적극적으로 반응해주면 관계가 돈독해진다.

41

대화의 맥이 끊어지지 않는 2가지 패턴

절대 놓치면
안 되는 이야기

절대 놓쳐서는 안 되는 신호는 관혼상제에 관한 것이다. 결혼, 출산, 사별과 같은 일생의 이벤트는 늘 확인해두자.

"부장님 요즘 조금 마르셨네요?"

"그래, 사실 요즘 무거운 짐을 내려놓게 되어서 말이야."

"네? 무거운 짐을 내려놓으셨다는 것은……." → **쿵**

"아, 실은 딸내미가 출가했어."

"출가를요? 결혼하셨어요?" → **쿵**

"응, 뭐 그렇게 되었어……."

"우와! 정말 축하드립니다!" → **짝**

이런 경사스러운 일은 '쿵쿵짝'으로 반응해야 한다. 그것도 아주 과장되게 하는 것이 좋다. 늘상 일어나는 일이 아니므로 부추길수록 듣는 사람도 좋아한다.

"정말 축하드립니다!"

"우리 딸을 데려갈 사람이 나타날 거라곤 생각도 못 했어."

"적적하지 않으세요?"

"그게 말이야. 의외로 괜찮더라고."

"네?"

"그런데 집사람은 좀 기운이 없어."

"그러시군요. 따님과 사이가 각별하셨나 보네요."

"응, 이런저런 일들이 아주 많았지. 궁금한가?"

"네, 그럼요!"

상대방이 더 이야기하고 싶은 모드에 들어가면 듣는 이가 누구든 상관없다. 말하고 싶어서 안달이 난다.

아직 두 번밖에 만난 적이 없는 고객이든, 다른 부서의 상사이든, 평소의 관계는 신경 쓰지 않아도 된다. 하나도 남김없이 이야기할 수 있도록 귀를 기울이자.

슬픈 이야기일수록
반응이 중요하다

누군가에게 말하고 싶은 것은 비단 경사스러운 이야기뿐 아니라 슬픈 일도 마찬가지다.

"다음 주 월요일은 부모님 댁에 가야 해서 휴가를 냈다네. 미팅은 다른 날 해도 될까?"

"알겠습니다. 부모님 댁은 ○○이시지요?"

"맞아. 10년 만이야, 집에 가는 게."

"네? 정말요?"

"부모님하고 이런저런 일이 있어서……."

"무슨 일 있으셨어요?"

"그게…… 3년 정도 계속 입원과 퇴원을 반복했거든."

"아이고……."

"올해 여든여덟이시니 오래 사시긴 했지."

"그러셨군요……."

"집에 가지 않은 건 사실 사정이 있어서 말이야."

관계가 돈독하지 않아도, '누구라도 좋으니 이야기를 들어주었으면' 하고 감상적인 기분이 들 때가 있다. 이런 경우에는 조용히 반응해서 상대방이 마음껏 이야기할 수 있게 배려해준다.

진정으로 귀를 기울이는 자세를 보여주는 것이 중요하다. 그 진지한 표정과 태도에 상대방은 신뢰를 보낼 것이다.

더 이야기하고 싶게 만드는 2가지 패턴

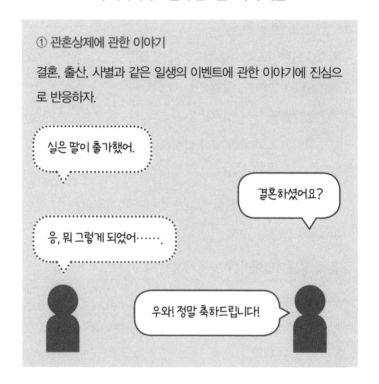

① 관혼상제에 관한 이야기

결혼, 출산, 사별과 같은 일생의 이벤트에 관한 이야기에 진심으로 반응하자.

실은 딸이 출가했어.

결혼하셨어요?

응, 뭐 그렇게 되었어……

우와! 정말 축하드립니다!

② 상대의 취향을 발견한다

평소에 안테나를 높이 세우고 언행이나 몸에 지닌 소지품 등을 확인하자. 자신이 잘 아는 것이라도 모르는 척하는 것이 포인트다.

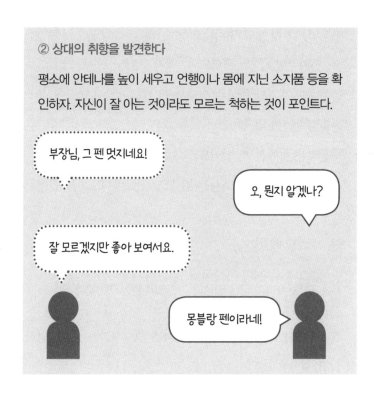

취향을 드러내는 신호를
알아채자

다음으로 주목해야 할 것은 취향이다. 상대방의 취향을 놓치지 않도록 평소에 안테나를 높이 세우고 언행이나 몸에 지닌 소지품 등을 확인해둔다.

"부장님, 그 펜 정말 멋지네요."

"오, 뭔지 알겠나?"

"잘은 모르겠지만 좋아 보여서요."

"몽블랑 펜이라네."

"몽블랑은 들어본 적 있어요."

"대학생 때 교수님이 쓰시는 걸 보고 아르바이트비를 털어서 샀지."

"와, 대학생 때요?"

"맞아. 그 후로 25년 가까이 쓰고 있어."

"대단하시네요!"

"잘 유지하는 게 힘들지만, 사용하면 할수록 쓰는 맛이 난다고 할까."

"역사가 새겨져 있는 거네요."

"맞아. 이 펜으로 수많은 계약을 성사시켰지. 정말 많은 일들이 있었어."

"무슨 일이 있었는데요? 궁금해요! 얘기해주세요."

주목해야 할 것은 차이점이다. 남들과는 다른 취향을 발견해 보자. 특히 중요한 위치에 있는 사람일수록 나름대로의 독특한 취향을 가지고 있는 법이다. 주의할 점은 자신이 잘 알고 있어도 모르는 척하는 것이다.

상대방이 "몽블랑을 알아?"라고 물어보면 알고 있더라도 모르는 척해야 한다. "이름은 들어봤어요. 자세히 알려주시겠어요?"라고 말해본다. 그러면 상대방은 기분이 좋아져서 "그럼, 내가 알려주지!"라고 말한다.

상대방이 이런 말을 한다면 대화는 더할 나위 없이 열기를 띤다. 직업상 나는 최고의 영업사원들을 많이 만나보았다. 그들은 눈치가 빨라서 이러한 취향을 즉시 찾아낸다.

상대가 좋아하는 것을
효과적으로 건드리기

어느 보험회사 영업사원이 고객과 처음으로 교섭할 때 이런 질문을 했다.

"FC 바르셀로나 팬이시죠? 세르히오 부스케츠 선수 대단하지 않아요?"

"자네, 뭘 좀 아는군. 메시나 이니에스타도 좋지만 역시 바르

셀로나는 부스케츠지. "

   한순간에 고객의 마음을 얻어낸 영업사원은 그 자리에서 바로 보험 계약을 따냈다.

   그 영업사원은 사전에 SNS에서 이 고객이 자녀에게 세르히오 부스케츠의 유니폼을 입힌 사진을 보았다고 한다. 그런 정보를 미리 알았기 때문에 이런 질문을 할 수 있었던 것이다.

   평범하거나 일반적인 것과 다른 점에 주목해야 한다.

   그러기 위해서는 평소에 상식을 쌓아두자. 상대방은 주변에 알아주는 사람이 없을수록 '저 사람하고는 얘기가 잘 통해'라고 생각할 것이다.

CHECK
남들과는 다른 취향을 찾아내서 자연스럽게 물어보면
친밀감과 신뢰가 급상승한다.

42

이렇게 질문하면 뭐든지 털어놓는다

'우리끼리 얘기인데'라는
친밀 효과

"신상품이 드디어 이달에 발매되네요."

"그래, 맞아."

"이번에는 다른 때보다 한층 더 분발하고 계시지 않은가요?"

"맞아, 사실 우리끼리 얘긴데, 사장님이……."

처음 만났을 때는 말수가 적던 상대가 '우리끼리 얘기인데'라
며 말을 꺼낸 적이 있지 않은가? 동료에게는 말하지 못하는 것
을 거래처 영업사원에게는 말하는 경우가 꽤 많다.

의외라고 생각하는 사람들도 있겠지만, 흔히 있는 일이다.
뭐든지 말할 수 있는 사이가 되면 나이도 직함도 상관없다. 말

수가 적은 사람과 좋은 관계를 맺으려면 어떻게 해야 할까?

　그를 위해 3가지 핵심 요령을 소개한다. 어떤 상대이든 뭐든지 털어놓게 만드는 질문의 기술을 익히자.

말수가 적은 사람에게 말하는 요령

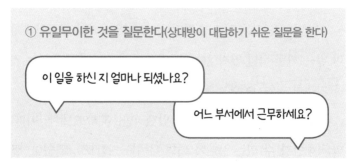

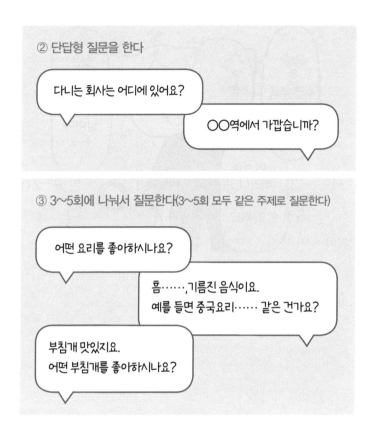

② 단답형 질문을 한다

> 다니는 회사는 어디에 있어요?

> ○○역에서 가깝습니까?

③ 3~5회에 나눠서 질문한다(3~5회 모두 같은 주제로 질문한다)

> 어떤 요리를 좋아하시나요?

> 흠……, 기름진 음식이요.
> 예를 들면 중국요리…… 같은 건가요?

> 부침개 맛있지요.
> 어떤 부침개를 좋아하시나요?

핵심 ①
유일무이한 것을 질문한다

말수가 적은 사람과 친해지려면 우선 상대방에 대해 알려고
노력해야 한다. 단, 일반적으로 자주 묻는 2가지 질문은 하지

않는 것이 좋다.

"취미는 무엇입니까?"
"주말에는 뭐 하세요?"

이유는 간단하다. 대부분의 사람들이 선뜻 대답할 수 없기 때문이다. 예를 들면 "취미가 무엇입니까?"라고 질문했을 때 "취미 하면 낚시죠. 낚시밖에 생각하지 않으니까요"라고 바로 대답할 수 있는 사람이 얼마나 있을까? 아마 극소수일 것이다. 대다수의 사람들은 다음과 같이 막연하게 대답한다.

"취미라고나 할까……. 옛날에는 오토바이를 즐겨 탔지만 지금은 아이가 어려서……."
"주말에는 여러 가지 하죠. 아이가 축구를 하기 때문에 데려다주거나, 친척이 집에 놀러 오거나, 일도 하고, 요리할 때도 있고……."

막연한 것을 물어보면 막연하게 대답할 수밖에 없다. 이런 대화밖에 주고받을 수 없다면 뭐든지 말할 수 있는 막역한 사이가 되기 어렵다.

　우선 상대방이 대답하기 쉬운 질문을 하자. 요령은 하나다. 유일무이한 것을 물어보면 된다.

　예를 들어보자. 장소, 과거, 시간, 이름은 여러 개가 있는 것이 아니다. 하나밖에 없기 때문에 대답하기 쉬운 질문을 던질 수 있다. 몇 가지 예를 들어보겠다.

"지금 다니고 있는 회사는 어디에 있어요?"
"○○역 근처예요."

"지금 살고 계시는 곳은 어디예요?"
"□□이요."

"이 일을 하신 지 얼마나 되셨나요?"
"벌써 8년 차네요."

"어떤 부서에서 근무하세요?"
"영업기획부입니다."

"가족은 몇 분이세요?"

"남편과 아이 둘 해서 4인 가족이에요."

상대방이 가족에 대해 적극적으로 말해줄 것 같으면 자녀의 이름이나 나이 등도 물어볼 수 있다. 그렇게 함으로써 점점 대화의 장이 마련된다.

질문하기 좋은 것들은 다음과 같다.

출신지, 출신 대학, 사는 곳, 직장 소재지, 근무 부서, 직장 인원수, 언제부터 지금 일을 시작했나, 입사한 지 몇 년 되었나, 나이, 가족 구성, 자녀의 이름, 자녀의 나이.

핵심 ②
단답형 질문을 한다

말수가 적은 상대와 이야기할 경우 특히 질문이 길어지지 않도록 주의하자.

예를 들어 다음과 같이 짧게 질문해보자.

"직장은 어디시죠?"

"○○ 영업소입니다."

"○○역에서 가깝습니까?"

"역에서 걸어서 5분 정도 걸려요."

"그 영업소에는 몇 분 정도 일하시나요?"

"한 30명 정도 있는 것 같습니다."

뭔가 좀 부족하다 싶을 정도로 간결한 질문을 하자. 20자 정도로 추린다. 질문이 길면 리듬이 깨지고, 상대방이 말하는 양이 상대적으로 적어진다.

"직장은 어디시죠?"

"○○ 영업소입니다."

"○○이요? 저도 ○○에 자주 갔어요. 이전 회사가 □□에 있었는데 ○○에도 고객이 많았거든요. ○○역에서 가깝습니까?"

"역에서 걸어서 5분 정도 걸려요."

"와, ○○역에서 가까우면 편리하겠네요. 그런데 영업소에는 몇 분 정도 일하시나요? 몇 분이나 계시는지 궁금해서⋯⋯."

"한 30명 정도 있습니다."

질문하기 전에 자신의 의견을 말하거나, 질문하는 이유를 언급하면 질문이 길어진다. 대신에 얼굴 표정이나 '쿵쿵짝' 하는 리듬과 반응, 따라 하기 등을 잘 신경 쓰면 무심하게 들리지는 않는다.

"직장은 어디시죠?"

"○○ 영업소입니다."

"아, ○○이시군요."

"맞습니다."

"○○역에서 가깝습니까?"

"역에서 걸어서 5분 정도 걸려요."

"와, 걸어서 5분요? 가깝네요."→ 쿵

"네."

"그 영업소에는 몇 분 정도 일하시나요?"→ **쿵**

"한 30명 정도 있습니다."

"네? 30분이나 계세요? 상당히 많네요."→ **짝**

"맞아요. 본사는 □□이지만 원래 ○○에서 창업을 했거든요."

"아, ○○에서요? 좀 더 자세히 말씀해주시겠어요?"

상대방은 대화에 관심이 생기면 여러 가지 이야기를 해준다. 그때 상대방이 말하는 길이에 맞춰서 질문을 길게 해도 된다.

핵심③
3~5회에 나눠서 질문한다

"몇 살이세요?"

"서른둘이요."

이처럼 하나의 답이 정해져 있는 질문은 모르겠지만, "어떤 요리를 좋아하세요?" 같은 추상적인 질문은 선뜻 대답하기 힘들다.

"어떤 요리를 좋아하세요?"

"굳이 꼽으라면 기름진 음식을 좋아해요."

"흐음……, 기름진 음식이요?"

이처럼 질문을 한 번 했다고 해서 기대했던 답이 곧바로 돌아오지는 않는다. 그러므로 여러 번 질문해서 정보를 얻어야 한다. 3~5회 모두 같은 주제로 질문해야 한다는 것을 알아두자.

"예를 들면 중국요리 같은 건가요?"

"중국요리도 좋지만 요즘 먹은 것 중에서 부침개가 맛있었어요."

"부침개 맛있지요. 어떤 부침개였나요?"

"해산물이 엄청 많이 들어갔더라고요."

"해산물을 좋아하시나요?"

"네."

"○○에 유명한 해물칼국숫집이 있는데 먹어보신 적 있으세요? 엄청 맛있어요."

"아, 해물칼국수 좋아하죠."

"다음에 같이 먹으러 가시지요."

첫 번째 질문으로는 '기름진 음식'이라는 정보밖에 얻을 수 없어서 매우 막연하다. 이것만으로는 대화가 어긋날 가능성이 있기 때문에, '구체적으로?' '예를 들면?'을 넣어 더 자세히 질문해서 최대한 많은 정보를 얻는다.

한 가지 답이 정해져 있는 질문을 할 것, 단답형 질문을 할 것, 같은 주제의 질문을 여러 번 할 것, 3가지를 염두에 두자.

그리고 상대가 대답을 할 때마다 일일이 반응하면 아무리 말수가 적은 사람이라도 틀림없이 대화에 활기를 띨 것이다. 그러면 무슨 말이든지 편하게 할 수 있는 관계가 형성된다.

CHECK

상대방에게만 해당되는 단답식 질문을 하자.
3~5회에 나눠서 물어보면 상대는 점점 마음을 열고
더 많은 이야기를 하려고 한다.

43

이런 말을 던지면 상대가 진심을 다한다

상대방의 정보를 조사해서
대화에 끌어들이자

고객이 원하는 것을 제대로 파악하거나 일을 의뢰하는 사람의 진짜 고민이 무엇인지를 알아내는 것은 매우 중요하다. 그렇게 되면 상대방은 틀림없이 "잘 알고 있군!"이라며 감탄할 것이다. 이때 상대방과 나의 거리가 확 좁혀진다.

상대방이 자신도 모르게 진심을 말하고 싶어지게 만들려면 어떻게 대화하는 것이 좋을까?

점과 점을 이어주는 화법을 추천한다. 배경이나 전제를 파악한 후에 이야기하는 방법이다. 그렇게 하면 점들이 모여서 하나의 선으로 이어지듯이 '이것과 저것은 여기서 연결되어 있었다'라고 이해할 수 있다.

대단해!

"과장님, 새 사업기획서 제가 만들겠습니다."

"자네가? 잘 이해하고 있는 건가?"

"사보에서 이사님이 쓰신 칼럼을 읽었습니다."

"아, 그것 말인가?"

"해외 사업이 저조해서 국내 사업을 새롭게 조치할 필요가 있다고 쓰셨던데요. 국내 시장을 잘 아는 S과장님과 의논해서 기획해보겠습니다."

"아, 믿음직스럽군!"

정보와 정보를 서로 연결해서
하나의 이야기로 만든다

이사님의 발언과 기획의 목적, 그 목적에 맞는 의논 상대 등 여러 가지 정보를 점으로 연결하면 상대방은 '잘 알고 있군' 하고 생각한다.

"아무한테도 말하지 마. 사실은 이사님 내년에 은퇴하셔."

"네? 정말이요?"

"그래. 그러니 이사님을 위해서라도 제대로 된 기획안을 만들어보게."

"알겠습니다. 이사님이 안심하고 은퇴하실 수 있도록 좋은 기획안을 연구해보겠습니다."

"자네만 믿네."

점과 점을 잇는다는 것은 정보와 정보를 연결한다는 것이다. 따라서 기본 정보나 최신 정보, 상대방에 대한 정보를 파악하기 위한 질문을 계속 반복한다. 그렇게 하면 여러 점이 이어져서 하나의 이야기가 만들어진다.

이처럼 점과 점을 잇는다는 이미지로 이야기를 이끌어나가면 많은 것을 알고 있는 사람이라는 인상을 상대에게 심어줄 수 있다.

CHECK

수집한 정보를 바탕으로 질문하면 업무나 주변 상황에 대해 누구보다 잘 알고 있다는 평가를 받는다.

44

상대의 마음을 상상하면서 들어라

잘 들어주는 사람과
잘 들어주는 척하는 사람

진정으로 남의 말을 잘 들어주는 사람과 잘 들어주는 척하는 사람이 있다. 먼저 이 두 부류를 잘 구분해야 한다.

진정으로 잘 들어주는 사람은 상대방에게 이야기를 계속 이끌어낸다. 어느 타이밍에서 어떻게 이끌어내면 좋을지 알고 있기 때문이다.

단지 듣기만 하는 것이 아니다. 대화의 주도권을 쥐고 이끌어나가는 사람이 진정으로 남의 말을 잘 들어주는 사람이다. 다음 대화를 읽어보자.

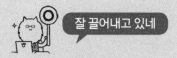

잘 끌어내고 있네

"지난번 전시회는 어떠셨어요?"

"굉장히 좋았어. 방문객도 많았고."

"방문객이 많았군요? 부스에도 많이 오셨나요?"

"우리 회사 부스에도 상당히 많이 왔어."

"정말 다행이네요! 반응은 어땠어요?"

"반응도 좋았어!"

"새로운 상품을 전시하셨지요?"

"맞아. 그래도 기존 상품이 더 주목받았어."

"정말요?"

"그래. 의외의 설문조사 결과였다네."

한편 남의 말을 잘 들어주는 척하는 사람은 대화를 주도하지 못한다. 그냥 듣고 의례적인 반응을 보일 뿐이다.

의욕 없음

"지난번 전시회는 어떠셨어요?"

"굉장히 좋았어. 방문객도 많았고."

"흠, 그랬군요."

"우리 회사 부스에도 상당히 많이 왔어."

"와, 좋으셨겠어요."

"반응도 좋았어!"

"아, 그렇군요. 대단한데요."

"그래."

"정말, 대단하네요."

상대가 말을 잘하는 사람이면 말을 잘 들어주는 사람이 될 수 있다. 상대방이 계속 말을 하기 때문에 '네', '오', '그래요?' 이런 맞장구만 쳐주면 된다.

자신은 별다른 말을 할 필요 없이 적당히 반응하는 것만으로 잘 들어주는 사람이라는 평가를 받곤 한다. 그러나 상대방이 말수가 적은 사람이라면 갑자기 대화가 사그라진다.

진정으로 남의 말을 잘 들어주는 사람은 그냥 듣는 것뿐 아니라, 질문도 하면서 대화를 주도한다. 상대방이 무엇에 관심을 보이는가, 어떤 목적으로 그 일을 했는가 등 점과 점을 이어서 상대방의 마음이 어떻게 움직일지를 상상하면서 질문하고 대화를 이끌어간다.

질문하면서 상대방이 계속 이야기를 꺼낼 수 있도록 대화를 주도하는 경험을 반복하면 어떤 사람과도 활기 있게 이야기를 나눌 수 있다. 이런 사람이야말로 진정으로 남의 말을 잘 들어 주는 사람이다.

CHECK
상대방의 마음이 어떻게 움직일지를 상상하면서
잘 듣고 질문을 통해 이야기를 이끌어나가면
대화가 어색하게 끊어지는 일이 없다.

45

'내 마음을 알아주는 사람'으로 보여지기

감정이 크게 움직이는
타이밍을 포착하라

상대로부터 돈독한 신뢰를 얻으려면 역시 공감이 중요하다. 그러려면 상대방의 감정을 알고 그 감정에 가까이 다가가야 한다.

상대의 감정을 아는 데는 2가지 열쇠가 있다.

일생의 이벤트와 매일의 스트레스다.

이 2개의 열쇠를 머릿속에 넣어두면 공감력도 당연히 높아질 것이다.

① 일생의 이벤트는 빼먹지 말자

'일생의 이벤트'란 인생에서 굵직한 사건을 말한다.

탄생, 취학, 취직, 결혼, 출산, 양육, 승진, 전직, 은퇴, 죽음

혹은 그렇게 큰 사건이 아니더라도 '새로운 프로젝트를 맡게 되었다', '부서 이동을 하게 되었다', '새 아파트로 이사했다'와 같은 일도 일상에서 꽤 큰 이벤트다.

이와 같은 일을 겪으면 해야 할 일과 하고 싶은 일이 늘어나 감정이 요동치는 일이 많다.

그러한 상대의 감정 변화를 파악해서 이야기를 건네보는 것이다.

"올해 자녀분이 취직하셨다면서요? 축하드립니다. 한시름 놓으셨겠네요?"

"맞아요. 덕분에 하고 싶은 일이 생겼어요."

"뭘 하고 싶으신데요?"

"주말에만 대학에 가서 공부할까 생각 중이에요."

"그러세요?"

"저는 대학을 안 나와서 한 번 경험해보고 싶어요. 얼마 동안 대학에 다니실 생각이세요?"

"2년을 예정하고 있어요."

"대단하시네요!"

자녀 양육이 힘들거나, 승진해서 기쁘거나, 자녀가 취직을 하고 독립해서 마음이 놓일 때 등 상대방의 감정을 상상하면서 질문하면 상대는 뭐든지 이야기하게 마련이다.

특히 연도가 바뀌는 시기에는 여러 가지 일생의 이벤트가 생긴다. 이 시기를 잘 체크해야 한다.

② 매일의 스트레스에 공감한다

매일의 스트레스란 일상적인 조바심을 가리킨다.

업무와 관련해서는 다음과 같은 일들이 스트레스를 준다.

- 매일 출퇴근 만원 전철이 괴롭다.
- 고객에게 클레임이 들어왔다.
- 상사에게 잔소리를 들었다.
- 갑자기 야근을 지시받았다.
- 직장에서 괴롭힘을 당했다.
- 새로운 일에 적응하지 못한다.

가정에서 주로 스트레스를 받는 일은 다음과 같다.

- 남편이 집안일을 도와주지 않는다.
- 집이 항상 어질러져 있다.
- 아이가 정리 정돈을 안 한다.
- 저녁 식사 준비가 귀찮다.
- 쓰레기 내놓는 것을 잊어버렸다.

자신의 몸 상태가 안 좋거나 불만일 때도 스트레스를 받는다. 또는 외부적인 스트레스로 몸 상태가 안 좋아지기도 한다.

- 수면 부족이다.
- 만성 피로를 느낀다.
- 의욕이 안 생긴다.
- 요즘 살이 쪘다.

우리는 매일 스트레스를 받으며 살아간다. 일생의 이벤트보다 일상적인 스트레스가 훨씬 더 많다. 그러므로 매일의 스트레스 때문에 힘들다고 하면 주변에서는 '그런 사소한 일로 힘들어하면 어떡해'라고 말하고 싶어진다.

하지만 일상에서 받는 스트레스가 우리에게 끼치는 영향이 훨씬 크다는 사실이 밝혀졌다. 큰 사건보다 사소한 스트레스들이 쌓여서 심신에 나쁜 영향을 미친다고 한다.

센스 있게 앞서 나간다

일상의 스트레스를 알아봐주는 방식으로 대화를 이끌어나가면 상대의 공감을 살 수 있다.

우선 상대방의 태도나 말을 유심히 관찰하다가 슬쩍 떠보는 말을 던진다.

"오늘은 어땠어?"

"무슨 일 있었어?"

"그 얘기는 되도록 안 하는 편이 좋은가?"

그러고 나서 미리 앞서 나가 이야기한다.

"오늘 야근 좀 같이 해!"

"무슨 일인데요?"

"못 들었나? 아침 미팅에서 부장님이 말했잖아. 이 일을 할 거야."

"그 일은 벌써 끝냈는데요."

"뭐라고……?"

"부장님에게도 말씀드렸어요. W씨와 함께 이미 다 했어요."

"부장님이 뭐라고 하시던가?"

"아니요, 별로."

"자네…….”

선배가 아침부터 예민해져 있기에 부장님과 의논해서 미리 일을 끝내버린 것이다.

"미안해. 아침부터 언짢게 해서."

"저야말로 너무 나서서 죄송합니다."

"아니, 정말 고마워. 어제 별거 아닌 일로 부모님과 크게 싸워서 아침부터 울적했거든……."

"그러셨군요?"

"그럼 오늘 야근 안 해도 되겠네. 한잔하러 갈까?"

"선배님, 오늘은 일찍 들어가시는 게 좋지 않을까요?"

"그렇긴 하지."

"다음에 꼭 한잔 사주세요."

"자네는 정말 눈치가 빠르군."

상대방의 평소 행동거지를 관찰하고 이상한 기운을 감지했다면 미리 움직여서 말을 건다. 이렇게 할 수 있으면 '센스 있다'는 평가를 받는다.

특히 상대방이 긴장해 있을 때는 말이 필요 없다. 태도만으로도 '저 사람은 잘 알아'라고 생각한다. '배려심이 깊어'라는 말을 들으면 100점 만점이다.

'힘드시겠네요', '바쁘시겠네요'라는 말뿐 아니라 이런 매일의 행동이 큰 신뢰를 준다.

일생의 이벤트는 물론 고민거리가 되기 쉬운 일상의 스트레스도 신경 쓰면 공감력이 높은 사람이 된다. 진심으로 공감해주는 사람을 신뢰하는 것은 당연하다.

CHECK

일생의 이벤트와 매일의 스트레스에 주목해서
미리 행동하고 이야기를 꺼낸다면
'내 마음을 알아주는' 사람으로 신뢰하게 된다.

어긋난 관계도 바로잡는 대화법

직장생활을 하기가 힘들고, 인간관계가 쉽지 않다고 생각하는 사람들이 많다. 그렇다면 틀림없이 주변 사람들과 대화가 어긋나기 때문이다.

그 책임이 나에게만 있다고 할 수는 없다. 오히려 80%는 상대방에게 책임이 있다고 생각해도 좋다. 그렇다고 해서 상대방을 책망하지 말기 바란다. 대부분의 사람들은 어긋난 대화를 바로잡고, 그것을 맞춰나가는 방법을 배운 적이 없기 때문이다.

모두가 바쁜 일상을 보내고 있다. 해야 할 일도 산더미다. 그렇기 때문에 더욱 어긋나지 않는 대화술을 터득하자.

이 책에서는 상대의 말을 듣는 방법, 상대가 말하고자 하는 내용을 확인하는 습관, 정보를 얻거나 대화를 계속 이끌어나가

기 위한 질문 기술, 상대의 기분이나 상황을 공감하며 말하는
방법 등을 소개했다.

이 방법을 실행에 옮기면 상사와 고객에게도 절대적인 신뢰
를 얻을 수 있다. 일도 즐겁게 할 수 있으니 하나하나 실천해보
기 바란다.

이 책을 읽는 모든 사람들이 신뢰를 얻는 대화의 기술을 익혀
서 자신의 가치를 높일 수 있다면 더할 나위 없이 기쁠 것이다.

어긋난 대화 ——
1분 만에 바로잡는
45가지 기술

초판 1쇄 인쇄 | 2024년 05월 03일
초판 1쇄 발행 | 2024년 05월 10일

지은이 | 요코야마 노부히로
옮긴이 | 황혜숙
펴낸이 | 정서윤

편집 | 추지영
디자인 | 지 윤
마케팅 | 신용천
물류 | 책글터

펴낸곳 | 밀리언서재
등록 | 2020. 3. 10 제2020-000064호
주소 | 서울시 마포구 동교로 75
전화 | 02-332-3130
팩스 | 02-3141-4347
전자우편 | million0313@naver.com
블로그 | https://blog.naver.com/millionbook03
인스타그램 | https://www.instagram.com/millionpublisher_/

ISBN 979-11-91777-66-6 03190

값 · 18,000원